PROSPERIDAD VERDADERA

CÓMO TENERLO TODO

Para más información:

The Kabbalah Centre
155 E. 48th St., New York, NY 10017
1062 S. Robertson Blvd., Los Angeles, CA 90035

1.800.Kabbalah www.kabbalah.com/espanol

Primera edición en español, enero de 2007
Segunda edición, Febrero de 2011
Impreso en Colombia - Printed in Colombia
Impreso por Cargraphics S.A.
ISBN 13: 978-1-57189-572-1

Diseño: HL Design (Hyun Min Lee)
www.hldesignco.com

Este libro está hecho con papel extraído del bagazo de caña, compatible con el medio ambiente.

100%

PROSPERIDAD VERDADERA

CÓMO TENERLO TODO

KABBALAH PUBLISHING

www.kabbalah.com/espanol™

POR EL AUTOR DE EL PODER DE LA KABBALAH

YEHUDA BERG

Dedicatoria

Este libro está dedicado a todos aquellos que han sido tan generosos en su dar, especialmente cuando dar no ha sido tan fácil.

Las palabras que llenan las páginas de este libro surgieron con facilidad. Después de todo, he pasado toda mi vida preparándome para escribirlas. Cuando llegó el momento, me senté delante del teclado y todo lo que hice fue comenzar a teclear lo suficientemente rápido como para mantener el ritmo del poderoso flujo de conceptos kabbalísticos que han definido mi existencia.

Me siento abrumado; incapaz de encontrar las palabras para articular mi gratitud hacia todos aquellos hombres y mujeres que continuamente han apoyado la misión del Centro de Kabbalah. De hecho, no puedo pensar ni en una sola palabra que comunique el profundo aprecio que siento por aquellos que han contribuido directamente al vertiginoso crecimiento de la sabiduría kabbalística en el mundo.

El Zóhar enseña que compartir por la vía de alentar a otros a convertirse en seres que comparten es la forma más elevada de dar. Y precisamente eso es lo que están haciendo todos los hombres y mujeres que dirigen sus contribuciones al Centro de Kabbalah. Están participando en algo tan grande que está transformando el mundo; y al mismo tiempo, están creando un lugar en sus propias vidas en el que pueda existir la *verdadera prosperidad.*

La manifestación de su entrega ha hecho posible este libro. Ustedes están trayendo Luz a nuestro mundo y, al mismo tiempo, a sus propias vidas.

ÍNDICE

AGRADECIMIENTOS

Me gustaría dar las gracias a todas aquellas personas que han hecho posible este libro.

Primero y principalmente, al Rav y Karen Berg, mis padres y maestros. Les estaré eternamente agradecido por su constante guía, sabiduría y apoyo incondicional. Yo soy tan sólo uno más de los muchos que han sido tocados por su amor y sabiduría.

A Michael Berg, mi hermano, por tu constante apoyo y amistad, y por tu visión y fuerza. Tu presencia en mi vida me motiva a llegar a ser lo mejor que puedo ser.

A mi esposa, Michal, por tu amor y dedicación; por tu poder silencioso; por tu belleza, claridad y tu forma de ser tan poco complicada. Eres la fuerte base que me da seguridad para elevar mi vuelo.

A David, Moshe, Channa, y Yakov, los preciosos regalos en mi vida que me recuerdan a diario cuánto falta por hacer para asegurarnos de que el mañana sea mejor que el hoy.

A Billy Phillips, uno de mis amigos más cercanos, por tu ayuda para que este libro fuera posible. La contribución que haces a diario y de tantas maneras en el Centro de Kabbalah es mucho más apreciada de lo que te puedas imaginar.

A Andy Behrman, gracias por tu constante y apasionada búsqueda de la verdad, y por dedicar tus talentos a ayudar a nuestro equipo a crear la diferencia en este mundo.

A Don Opper, Hyun Lee, Christian Witkin, y Esther Sibilia, cuyas contribuciones han hecho que la calidad e integridad físicas de todo lo que hacemos estén a la altura del patrimonio espiritual de esta increíble sabiduría que me ha sido transmitida por mi padre, el Rav Berg.

A Lisa Mirchin, Courtney Taylor, Sharon Oberfeld, e Igor Iskiev: gracias por compartir sus regalos para lograr que más personas puedan tener acceso a las herramientas con las cuales descubrir su destino.

Deseo agradecer a Rich Freese, Eric Kettunen, y a todo el equipo de PGW por su visión y apoyo. Su eficiencia proactiva nos brinda la confianza necesaria para producir más y más libros sobre la Kabbalah, para que todo el mundo pueda beneficiarse de esta asombrosa sabiduría.

A todos los Jevre de todos los Centros de Kabbalah del mundo: las noches que hemos compartido juntos estudiando alimentan mi pasión para llevarle el poder de la Kabbalah a todo el mundo. Ustedes son parte de mí y de mi familia, dondequiera que se encuentren.

A los estudiantes que estudian Kabbalah alrededor del mundo: su deseo de aprender, de mejorar sus vidas y de compartir con el mundo es una inspiración. Los milagros que escucho de ustedes a diario hacen que todo lo que hago valga la pena.

¿Qué es la Verdadera Prosperidad?

He aquí una pregunta fascinante (o mejor dicho, unas cuantas):

¿Por qué tantas personas sinceras invierten en libros y cursos sobre dinero, inversiones, propiedades inmobiliarias, éxito, etc. y, sin embargo, al final del día son tan pocas las que realmente logran sus objetivos?

¿Por qué las personas que obtienen más dinero gracias a los llamados "cursos para hacerse rico" son las que venden esos mismos cursos?

¿Y por qué quienes parecen alcanzar el éxito pagan un precio tan alto por ello, en lo que se refiere a sus relaciones, sus familias y su salud?

La respuesta a todas estas preguntas se encuentra en el
hecho de que, en lo más profundo de sus cromosomas, lo
que las personas quieren no es alcanzar el éxito. En lugar de
eso, lo que desean es sentirse satisfechas. Y con esto quiero
decir profunda y verdaderamente satisfechas, rebosantes de
alegría, satisfacción, prosperidad, y el sentimiento de
haberlo ganado todo.

El dinero en sí mismo —aun cisternas llenas de éste— es
un pobre sustituto de esa satisfacción. Por supuesto, el
dinero es genial, y no te preocupes porque para cuando
finalices este libro estarás en camino de obtener grandes
cantidades. Pero la satisfacción a la que me refiero es algo
a lo que yo llamo la Verdadera Prosperidad.

Entonces, ¿qué es la prosperidad "no verdadera"?

La clase de éxito que generalmente se entiende como
prosperidad en este mundo, se basa en el compromiso: en
tener una cosa, pero renunciando a otra a cambio. Es el
éxito con efectos secundarios: ganas mucho dinero, pero
renuncias a cambio a pasar tiempo con tus hijos. O ganas
aun más, pero estás deprimido porque te falta serenidad.
O ganas montones de dinero —prácticamente nadas en
él—, pero lo obtienes mintiendo, engañando, robando y
caminando por encima de un puente fabricado con
cuerpos humanos (y aun te preguntas por qué no puedes
dormir por la noche).

Ninguna de estas situaciones, **en especial la última**, crea verdadera prosperidad; porque la verdadera prosperidad es una condición en la que lo tienes **todo**. Tienes todo el dinero que puedas querer, **más** el tiempo para ser entrenador de una pequeña liga y fotógrafo ambulante en las fiestas de cumpleaños infantiles. Llevas adelante un negocio que avanza de un éxito a otro, pero también gozas de conexiones felices con las personas que comparten tu vida: tus amigos, tus empleados, tus colegas e incluso tus competidores.

El secreto es que la verdadera prosperidad es realmente lo que cada uno de nosotros vino a alcanzar a este mundo. Y la palabra clave es: **alcanzar**. La prosperidad la alcanzas no porque seas inteligente o tengas suerte, ni tampoco porque hayas engañado despiadadamente a tus competidores, sino porque sigues las reglas del universo.

LAS REGLAS DEL UNIVERSO PARA LOS HOMBRES DE NEGOCIOS IMPLACABLES

Si consideramos la vida como un negocio, podríamos decir que su plan de negocios original fue escrito hace 4.000 años por un grupo de antiguos consultores conocidos como kabbalistas.

Y ese plan, que ahora se halla contenido en la sabiduría más antigua del mundo, la Kabbalah, revelaba los misterios de la vida y del universo; explicaba en detalle las leyes espirituales y físicas que gobiernan el alma humana. ¡Ése sí que es un plan de negocios! Y si la frase "misterios de la vida" y las discusiones acerca del alma te suenan a religión, debes tener en cuenta que muchos genios científicos de la historia no estarían de acuerdo.

Pitágoras estudió la Kabbalah. *El Zóhar* —el principal texto de la Kabbalah— que perteneció a Sir Isaac Newton, se encuentra hoy tras el cristal de una vitrina de la Universidad de Oxford. Gottfried Leibniz, quien introdujo el cálculo al mundo, consideraba la Kabbalah como el mapa original de la realidad. Los filósofos de la Era de la Ilustración en Europa encontraron en las enseñanzas de la Kabbalah una fuente pura de sabiduría antigua perdida hace mucho tiempo.

Por lo tanto, lo que hace a este libro diferente es su condición de no ser un libro más sobre cómo ganar más dinero, tampoco es un libro que te ofrezca algunos conocimientos para luego dejarte solo en el camino.

Muy al contrario, ¡este libro es un regalo!

Este libro es el regalo personal para todos nosotros de aquellos antiguos consultores de negocios, los kabbalistas, quienes desean que nuestro negocio prospere y que junto con él lo hagan nuestras vidas. Ellos quieren presentarte una selección de tecnologías kabbalísticas, herramientas que puedes aplicar ahora y en cada segundo de tu vida, no solamente en tu vida financiera sino también en tu vida personal (ya que ambas están estrechamente vinculadas). Entonces, ¿qué es la Kabbalah?

La Kabbalah, que literalmente significa *RECIBIR*, ¡consiste en tenerlo todo!

Así pues, dejemos a un lado a Pitágoras, Newton, Leibniz y los descubrimientos científicos. Nuestro propósito aquí no es crear una nueva teoría del cosmos, sino cambiar tu vida con una nueva dimensión de la prosperidad. Nuestro propósito es ayudarte a escapar de tu "negocio habitual", ese reino en donde del 90% de los negocios iniciados fracasa, en el que la gente sigue abandonando sus puestos de trabajo o se les pide que lo hagan; y en el que las personas que están empleadas ven su trabajo como una forma de castigo diseñada especialmente para ellos.

Existe una mejor forma de hacer negocios y de vivir la vida. Y aunque la Kabbalah se remonta a la época de Avraham, así como también a un trabajo altamente esotérico llamado *El Libro de Formación*, esta sabiduría puede llegar hasta el interior de tu negocio actual, el escritorio en el que te sientas cada día para intentar ganarte la vida, mejorarte y lograr un mayor bienestar para tu familia. Las herramientas kabbalísticas que exploraremos te enseñarán cómo ganar en el juego de los negocios y las finanzas y, en consecuencia, cómo ganar en el juego de la vida.

Pero ¿en qué consiste este juego?

El Plan de Negocios Óptimo: Jefe, No Sirviente

La Kabbalah nos dice que existe un plan ingeniosamente diseñado para cada persona en la Tierra, y que ese plan no consiste simplemente en ser rico o poderoso o una famosa estrella del rock, sino en algo mucho más profundo.

El propósito de este juego es que cada sujeto sea el creador de su propio universo, es decir, que se convierta en la *causa* de su propia vida y no en su *efecto*. Eso significa ser el creador proactivo de tu destino, en lugar de permanecer condenado a reaccionar pasivamente ante cada nuevo episodio de caos que surge en tu camino.

Esto significa que si la vida es un negocio, tú eres el jefe, no el sirviente.

Los Kabbalistas también sugieren que te encuentras aquí porque tú lo pediste. **Y esto significa que quien ha diseñado el plan de negocios original ¡has sido tú mismo!**

Tú pediste estar aquí, en este mundo de dolor, sufrimiento y caos, y luego lo has olvidado. Vivías en la perfección, en un paraíso lleno de Luz infinita, y elegiste venir aquí, ¡y después olvidaste que una vez tomaste esta decisión!

Sígueme con atención.

Aun cuando asegures que no puedes recordar haber tomado esa decisión, debes tener en cuenta lo siguiente: si no puedes recordar lo que almorzaste hace un año y medio, sin mencionar los nueve hermosos meses de vacaciones que pasaste en el vientre de tu madre, es lógico que no recuerdes el vientre cósmico en el que habitabas antes de descender a la existencia terrenal.

La pregunta es: ¿por qué decidiste venir aquí en primer lugar?

TODAS Y CADA UNA DE LAS ACCIONES DE MICROSOFT: TUYAS Y GRATIS

En el origen, gozabas de la alegría y el éxtasis de lo que los kabbalistas llaman el Mundo Sin Fin sin realizar esfuerzo alguno. En términos financieros, sería como tener todas las acciones de la empresa Microsoft servidas en una bandeja de plata.

¡Pero rechazaste la oferta!

Y no sólo eso; decidiste trasladar tu negocio a un mundo duro y oscuro, repleto de dolores y problemas, a esa vida que Shakespeare una vez describió como "un cuento relatado por un idiota, lleno de sonido y furia, pero que no significa nada".

Pero ¿por qué?

Comenzaremos nuestra explicación con una breve historia:

El padre es un empresario de éxito que en el transcurso de su estelar carrera ha creado un negocio altamente rentable. El hijo, al cumplir la mayoría de edad, decide entrar en el negocio familiar, donde trabaja duro para ascender en la escala corporativa, entrando como asistente de la oficina de correos, pasando por jefe de división para llegar a ser, finalmente, el segundo al mando de la empresa. Sin embargo, en la fiesta en la que se celebra su ascenso, el joven se entera de una dolorosa verdad: su padre ha estado pagando a los empleados de la compañía para que le permitieran destacar. Todos han formado parte de un esquema diseñado para que pareciera que el hijo estaba realizando un gran trabajo cuando, en realidad, nunca había logrado nada por sí mismo. Ya estaba decidido de antemano que el hijo llegaría a ser el segundo al mando, por lo que su carrera profesional en la empresa no había sido más que una farsa.

¿Cómo se siente el hijo cuando se entera de esto?

Bueno, ¿cómo te sentirías *tú*?

Correcto: sorprendido y desilusionado.

Entonces, no es el puesto ni el poder en sí lo que trae la plenitud, ¿cierto? Algo en nuestro interior está programado por la divina naturaleza para que necesitemos *ganarnos* lo que obtenemos antes de poder disfrutarlo verdaderamente. Necesitamos ser la causa y no el efecto en nuestras vidas.

El Creador inventó este juego para darnos a cada uno de nosotros la posibilidad de ser la causa y el creador de nuestro propio universo. La verdadera prosperidad se encuentra en lograr exactamente esto. Se trata de enfrentar los desafíos cara a cara y salir airosos, de colocar las piezas del rompecabezas nosotros mismos y no de recibir el producto final ya montado.

Los kabbalistas explican que has venido aquí con el propósito de experimentar lo que significa ser el Creador.

Tú has elegido convertirte en un participante proactivo en la construcción de tu propio paraíso. Tú no querías llegar a ser el jefe de la empresa familiar gracias a papá; tú querías ganarte ese lugar por ti mismo, porque sabías que solamente así podrías encontrar la verdadera satisfacción.

Y aquí aparece de nuevo esa palabra: "*satisfacción*". La satisfacción de la verdadera prosperidad.

Así que éste es el propósito del juego. Pero, antes de comenzar, veamos cómo se construyó este juego.

Tu Máximo Competidor Entra En Escena

Imagínate que Michael Jordan nunca entrara en una cancha de baloncesto, sino que se pasara el tiempo solo, en su patio trasero, haciendo regates y encestando la pelota una vez tras otra.

O imagínate que un ángel desciende y te entrega un palo de golf mágico. Con este palo, cada vez que golpeas la pelota ésta va directamente al hoyo, sin importar las condiciones en las que se encuentre el campo de golf. Ganas el hoyo con cada tiro; siempre.

Ahora imagina que Timmy está jugando al escondite, y cierra los ojos con entusiasmo para contar hasta diez. Siente que no puede esperar más, quiere abrirlos y empezar a correr por el patio para encontrar a sus amigos escondidos. Pero cuando finalmente los abre, se da cuenta de que no hay a nadie a quien buscar porque sus amigos están allí mismo, parados frente a él.

En esta realidad alternativa, ¿se habría convertido Michael Jordan en el más grande jugador de baloncesto de todos los tiempos? ¿Te habrías despertado a las 6 de la mañana de un delicioso sueño para ir a jugar un partido de golf? ¿Se lo habría pasado bien Timmy jugando al escondite?

Por supuesto, la respuesta es no. Porque en cada una de estas situaciones hay algo que falta.

¡No hay Oponente!

EL MÁXIMO COMPETIDOR

Cuando no hay un Oponente, no hay juego.

Piensa en ello: sin un Oponente no tienes la oportunidad de retarte a ti mismo y de convertirte en alguien mejor, mucho mejor de lo que nunca soñaste; y por supuesto, mejor de lo que serías si pasaras todo el tiempo solo contigo mismo.

Sin un Oponente, Michael Jordan sólo sería un tipo que lanza pelotas a un aro. Sin un Oponente (en este caso, el espacio, la gravedad y la resistencia de tu propio cuerpo) el golf consistiría solamente en caminar por un prado con un palo en tu mano. Sin un Oponente, Timmy sería solamente un niño parado por ahí mirando a sus amigos.

Sin un Oponente no hay desafío, no hay propósito, no hay diversión.

Y tampoco existe la oportunidad de **ganarse la satisfacción**.

Para que haya un juego, debe existir un Oponente. Y en el juego de la vida tenemos un Oponente magnífico. Nuestro insidiosamente poderoso Oponente nos fue otorgado sin cargo alguno por el Comandante del universo, mejor conocido como el Creador o Dios. Y este Oponente nos fue dado con un solo propósito: darnos la oportunidad de vencerle y, por lo tanto, ser capaces de convertirnos en la causa y no en el efecto de nuestras vidas.

Sin embargo, el Oponente al que nos enfrentamos no es un Oponente fácil. No, no, el Creador sabe muy bien lo que está haciendo. Para ayudarnos a convertirnos en el jefe y no en el sirviente en el negocio de la vida, el Creador nos ha otorgado un Oponente siempre listo, que nunca descansa, despiadado y empeñado en vernos fracasar.

Llamémoslo el *Máximo Competidor.*

ANGEL Adversario.

Los kabbalistas tienen un término para el Máximo Competidor; lo llaman Satán. Pero la palabra se ha infiltrado de tal manera en el imaginario cultural que cuando pensamos en Satán nos imaginamos a un tipo vestido de rojo con un tridente y cuernos. Sin embargo, el Competidor no tiene nada que ver con esto. Es más, no hay ningún tipo, ningún tridente, ningún cuerno, ningún purgatorio esperándonos si hemos sido malos. De hecho, la traducción kabbalística original de la palabra *Satán* es en realidad *adversario*.

El Competidor es una fuerza negativa del universo que nos empuja constantemente hacia el caos.

El Competidor se pasa las 24 horas al día, los 7 días de la semana, diseñando formas para arruinarte y acabar con tu negocio. Sin embargo, la parte realmente escalofriante del asunto es que este Oponente no trabaja al otro lado de la ciudad o en la calle de enfrente; opera desde adentro de tu cerebro. **¡El Competidor vive dentro de ti!**

NEFSYIMA -

Hace mucho tiempo, los kabbalistas observaron que nuestro verdadero enemigo —nuestro Oponente— no puede encontrarse entre las personas que conocemos en el trabajo o que se cruzan en nuestro camino en el transcurso de nuestra vida. Por el contrario, el verdadero Competidor se encuentra dentro de nosotros, y desde allí piensa nuestros pensamientos y habla con nuestra voz. Él nos distrae y nos fuerza a perder la concentración. Continuamente intenta asegurarse de que nos comportemos como marionetas y reaccionemos de forma robótica a todos los eventos de nuestras vidas; porque cuando reaccionamos en vez de actuar, somos simples marionetas, es decir, somos un efecto. Y si somos un efecto en lugar de una causa en nuestras vidas, nunca podremos obtener la satisfacción. En lugar de eso, trabajaremos para obtener el éxito sacrificando nuestros bienes humanos para obtener los bienes financieros. Oye, al fin y al cabo, si quieres hacerte rico, no puedes ir a las fiestas de cumpleaños, ¿verdad?

Este es el Competidor hablando.

Si logramos fusiones exitosas en nuestro trabajo, nuestro matrimonio acaba en divorcio. Dinero o amor, uno excluye al otro, ¿cierto?

Este es él hablando otra vez.

Y la cosa puede ponerse todavía peor.

Persigues Tu Propia Cola Y Después Te Mueres

El Competidor trabaja para garantizar nuestra caída, no nuestra verdadera prosperidad. Míralo de esta manera: supongamos que hemos venido al mundo programados con un deseo en particular. Por ejemplo, nuestro deseo es ganar 1.000 dólares. Así que enfocamos nuestras energías, hacemos el trabajo y ¡eureka!, lo logramos: obtenemos los 1.000 dólares. Pero entonces, ¿qué hace el Competidor? Nos incita a jugar doble o nada. Así pues, ahora sentimos que debemos ganar 2.000 dólares. Y no podemos descansar, porque pensamos que fracasaríamos si no pudiéramos llegar a ganar este dinero. En consecuencia, dirigimos todas nuestras energías hacia esos 2.000 dólares, excluyendo todo lo demás. "Lo lamento, cariño, no puedo ir a la fiesta en casa de los Miller", decimos. O bien: "Ahora no, Jason, estoy hablando por teléfono". O: "Alex ¿puedes llevar a Emma a la escuela? Debo terminar un trabajo". Por supuesto, sabemos lo que el Competidor hará cuando finalmente obtengamos los 2.000 $ jugará de nuevo a doble o nada.

¡Y así pasamos nuestras vidas, persiguiendo algo que nunca obtendremos y dejando de lado todo lo demás!

Nuestros hijos, nuestros amigos, nuestra tranquilidad mental: sacrificamos todo por este continuo juego robótico y sin sentido de doble o nada. Ésta es la tarea de nuestro Competidor, de nuestro Máximo Competidor. Y si seguimos este camino, al final abandonaremos este mundo sintiéndonos insatisfechos, vacíos y tristes; porque, sin importar lo que hayamos logrado, **¡solamente habremos cumplido la mitad de nuestros deseos!**

En Un Juego Cuya Suma Es Cero, Sólo Obtendrás Cero

Éste es, entonces, el mundo según el Competidor: la vida de los negocios y la vida de familia van por separado y nunca pueden encontrarse.

Puedes ser atento y cariñoso en tu hogar, puedes trabajar duro para ser un esposo dedicado y un padre divertido y energético, y puedes intentar no ser egoísta ni enojarte a menudo. Pero cuando pones un pie en la oficina, se termina el juego. Una vez allí ya puedes explotar de ira, tratar a la gente como si fuera basura, perseguir el éxito a toda costa, pisar a quien sea necesario y matar antes de que te maten. "Al fin y al cabo, ¡así son los negocios!", te dices. Eres tú contra todos los demás.

Es decir, que el modelo de negocio del Competidor es un juego cuya suma es cero. Su universo es un universo de carencia, no de abundancia: si una persona gana, la otra debe perder; si Juan obtiene un ascenso, tú no lo obtendrás; si Acme Internacional gana la cuenta, entonces tu oferta será rechazada.

En el mundo del Competidor, el dinero no es el gran ecualizador, sino el gran separador. Separa a las personas de las personas, a los colegas de los colegas, a los empleadores de los empleados. Y dentro del corazón de cada persona, separa la vida financiera de la vida personal. En este mundo hay límites: límites a la bondad, a la riqueza y a la oportunidad. No estamos en esto juntos, sino que estamos separados.

Pero la Kabbalah tiene una palabra para este insidioso escenario: **¡falso!**

Es una receta para la ruina que ha ideado un consultor de negocios, el cual, en vez de guiarte hacia la verdadera satisfacción y prosperidad, te está llevando al caos, o más conocido como el Síndrome del *De Repente*.

DE REPENTE, DE REPENTE, DE REPENTE . . .

En los negocios, a menudo las cosas suceden *de repente.*

¿Te ocurre a ti también?

De repente, una inversión baja. De repente, el mercado cae. De repente, tu empleado favorito renuncia o se le acusa de algo. De repente, tienes problemas de salud o problemas de liquidez. De repente, te encuentras en el momento y en el lugar menos indicados con el producto inadecuado.

La Kabbalah plantea que este Síndrome del De Repente es una ilusión, pues nada sucede repentinamente. Vivimos en un universo de causa y efecto, no en un universo *repentino.* Todo en el mundo es efecto de alguna causa; y aunque la manifestación de ese efecto pueda llevar diez minutos, diez días o diez vidas, cada acción tiene al final su efecto. Si piensas que alguien "de repente" tiene cáncer, pregunta al médico y te dirá que la enfermedad comenzó a desarrollarse en el cuerpo varios años antes de que fuera diagnosticada.

Las herramientas de la tecnología kabbalística pueden liberarte de esta habitual forma de hacer negocios, del habitual Competidor y del habitual caos. Asimismo, estas herramientas pueden librarte de todas las razones inexplicables por las cuales tu negocio puede haber quebrado, de por qué no obtuviste aquella información que necesitabas sobre el mercado. Pueden librarte de la ilusión del *de repente*. Y lo que es aun mejor: mirar a través de los ojos de la sabiduría kabbalística puede convertir tu peor enemigo en tu mejor amigo, poniendo el poder negativo del Competidor al servicio de un propósito positivo.

El Poder de "X"

Entre los miles de inmigrantes procedentes de Europa oriental, un joven llegó a las costas de Norteamérica en busca de una mejor vida. Rápidamente consiguió trabajo en una tienda de ropa como asistente del asistente del asistente. Su tarea consistía en hacerse cargo de las facturas de compra, firmarlas y entregarlas a su jefe. Como el joven no sabía escribir en inglés, en vez de firmar con su nombre marcaba las facturas con una "X".

A los pocos días, el jefe del joven vio las "X", miró perplejo a su empleado y se dio cuenta de que no sabía escribir en inglés, por lo cual lo despidió en el acto.

Treinta años más tarde, en una elegante sala de reuniones del piso 50 de un flamante y moderno edificio, se está negociando una transacción de millones de dólares. En el momento del cierre de la operación, cuando uno de los empresarios firma el contrato, sus colegas se dan cuenta de que lo hace con una "X" en vez de estampar su nombre y le preguntan por qué.

"He firmado todos los contratos de mi carrera con una "X", contesta el hombre. "Siempre me recuerda que si no hubiera firmado unos papeles con una "X" hace muchos años, aún sería asistente del asistente del asistente en una tienda de ropa".

Igual que los kabbalistas, el magnate ve más allá de los objetivos del Competidor, es decir, reconoce el propósito que el Competidor sirve para nosotros. Es el mismo propósito que sirvió el jefe cuando despidió al inmigrante que no sabía escribir inglés y el mismo propósito que cumplieron las estrellas de la NBA al desafiar a Michael Jordan en cada uno de sus ascensos a la canasta. Y el mismo que cumple la cancha de golf, en la que hay tanto césped y hoyos tan pequeños.

El Creador concibió al Oponente —el Competidor— con el solo propósito de permitirnos superarle y, en el proceso, podamos experimentar la alegría del triunfo. De esta forma podemos ser la causa y no el efecto. De esta forma puedes ser el jefe en el negocio de tu vida y no el sirviente.

Ahora, unas palabras de precaución . . .

Debo advertir algo acerca de ser el *jefe.*

Cuando llamamos a alguien jefe, suena como si fuera alguien especial, como si fuera el rey o la reina, y todos los demás estuvieran para servirles. Los jefes están al cargo, son reverenciados y se quedan con todas las ganancias. Pero el que habla aquí es nuevamente el Competidor, llevando a cabo una de sus más grandes artimañas.

El Competidor se oculta a sí mismo en algo que todos tenemos y que nos impide obtener la satisfacción verdadera. Ese disfraz es . . .

El Ego

He aquí una palabra clave para el Competidor. El camino que lleva a la bancarrota los negocios y las vidas de las personas tiene un letrero de neón en el que brillan tres letras: E-G-O.

Oculta en las siglas de la palabra ego en inglés, se encuentra esta frase: **E**veryone's **G**ot **O**ne (que significa: Todo el mundo tiene uno)

Ego es una palabra demasiado utilizada, pero desde el punto de vista kabbalístico simboliza algo muy claro: una ilusión, un falso yo. Representa una noción falsa de quienes somos y de lo que nos merecemos. Y mientras vayamos a trabajar, llevemos adelante nuestro negocio e interactuemos con nuestra familia y amigos dentro de esta ilusión, el caos y la frustración nos estarán esperando en cada esquina.

El Ego está en funcionamiento cuando tienes una visión "inflada" de ti mismo, pero también lo está cuando tienes una visión "desinflada" de ti mismo. El ego es una condición no muy distinta a la depresión, y cuando estamos en ella nos distanciamos de todo y de todos a nuestro alrededor.

El Ego es malo no porque sea malvado o porque no sea agradable, sino porque es una mentira. Es como una cortina de metal que no nos deja ver la realidad, fuente de toda la riqueza, salud, prosperidad y satisfacción.

Pero si el ego es una cortina, lo que está bloqueando es la realidad fundamental del universo, algo que la Kabbalah denomina . . .

La Luz.

Y Ahora La Verdad

Llamaremos a este lugar en el cual vivimos *el mundo*. Mira a tu alrededor, y allí está. No lo cuestionamos mucho; nuestros ojos lo ven, nuestra nariz lo huele, nuestros oídos lo escuchan y nuestros dedos lo tocan. Este libro que estás leyendo es parte del mundo, como lo son la silla en la que estás sentado, el picor en tu espalda y el avión privado de Tom Cruise. Todo ello es parte de una inmensa fábrica llamada realidad material o, como algunos la denominarían, "el mundo real".

Pero los kabbalistas tienen algunas novedades acerca de todo esto, si a un conocimiento que se remonta a miles de años atrás puede llamársele "novedad".

Lo que los kabbalistas vieron hace 4.000 años . . .

los físicos cuánticos vieron en el siglo XX . . .

y lo que la Teoría de las Supercuerdas confirma ahora es que . . .

La realidad no es lo que pensamos que es.

De hecho, la realidad ni siquiera es real, pese a la evidencia de nuestros sentidos. Es un mundo que parece real como *consecuencia* de las limitaciones de nuestras percepciones.

Total, que tú querías descubrir cómo volverte rico y ahora yo te estoy contando que la realidad ni siquiera es real. ¿Cómo te va a llevar esto a la prosperidad? No te preocupes, hay una conexión, y cuando puedas hacerla descubrirás dónde se encuentra la verdadera abundancia y riqueza.

¡Así que quédate hasta el final!

Lo que estaba diciendo cuando me interrumpí es que todo lo que ves, escuchas, hueles, saboreas y tocas sólo es el 1% del universo.

"La madre naturaleza se está riendo por partida doble" comentó una vez Bruce Margon, científico espacial. "Ha escondido la mayor parte de la materia que hay en el universo, y lo ha hecho de forma que no la podemos ver".

De hecho, el 99% del universo no se puede ver, escuchar, ni percibir. Por lo tanto, llamaremos a nuestro mundo físico y cotidiano la *Realidad del 1%*. Y al mundo espiritual —el mundo de los pensamientos, la conciencia y la Luz— *el Mundo del 99%*.

El *Reino del 99%* es la fuente de toda la energía, de la conciencia y de la creatividad. De hecho, el *Mundo del 1%* es una ilusión, una sombra del *Mundo del 99%*. Todo lo que existe en el *Reino del 1%* tiene su fuente en el *Reino del 99%*.

La Base de Datos Infinita de Lo Que No Es

Mozart se sienta, y nada más levantarse se pone a escribir rápidamente la partitura entera de la ópera *Don Giovanni* de una sola vez.

A un estudiante de la escuela de negocios se le ocurre un sistema de entrega de paquetes en 24 horas; dicho proyecto sólo le merece una C en su clase, pero cuando se gradúa, decide empezar el negocio y llamarlo "Federal Express".

Un exitoso director de cine decide convertir sus filmes en realidad creando un cruce entre una feria, un parque de diversiones y los dibujos animados de sus películas. Ni un solo inversor está dispuesto a invertir un céntimo en esta visión, pero Walt Disney persiste en llevar a cabo su idea. Decide llamarla "Disneylandia".

Cada una de estas ideas proviene del *Reino del 99%*. Cada acto de la creación, desde la idea más humilde hasta las ideas que han cambiado el mundo (o han impulsado tu negocio), han surgido porque de alguna forma alguien se conectó al *Mundo del 99%*. Alguien emergió del reino de los cinco sentidos —el reino de lo que ya es— y accedió a la base de datos infinita de lo que no es.

Prosperidad del 1% Versus Prosperidad del 99%

Así pues, resumamos las leyes del universo.

En el reino físico tenemos caos, lucha y conflicto. En lugar de descubrimientos creativos, sólo encontramos una repetición de lo que ya se ha hecho. Vivimos la vida de forma reactiva, como un efecto del mundo exterior; como sirvientes, no como jefes.

Por el contrario, en el *Reino del 99%* encontramos satisfacción, alegría, verdadera creatividad y paz duradera. Estás conectado con lo que los kabbalistas llaman la Luz del Creador. Éste es el reino que nos ocultan el Competidor y nuestra naturaleza egoísta. Sin embargo, es el único lugar que realmente nos otorga el poder para ser el jefe de nuestra propia vida.

Así como existen dos reinos a los que te puedes conectar, también hay dos tipos de prosperidad. Por un lado está la Prosperidad del 1%, en la que ganas dinero pero no obtienes amor. Aquí es donde los negocios crecen rápidamente pero caen todavía más rápido sin que sepamos por qué. Y aquí es donde las emergencias suceden . . . *de repente.*

Por otro lado existe la Prosperidad del 99%, en la cual no sólo tienes dinero sino que también una vida que te deja disfrutarlo. Tu vida está bendecida con amor, salud, felicidad y satisfacción verdadera.

En cada momento de tu vida eliges a qué reino deseas conectarte.

Si te conectas con el *Reino del 1%* serás el sirviente en busca de la prosperidad falsa con un pensamiento limitado. Si te conectas con el *Reino del 99%* te convertirás en el jefe de tu vida, y abrirás la puerta a la prosperidad verdadera.

Y esto nos lleva al tema del dinero. Has oído hablar del dinero ¿verdad? Pero ¿qué es el dinero en realidad?

¡EL DINERO ES LUZ!

Éste es el secreto kabbalístico del dinero. El dinero no es una cosa; el dinero es energía. El dinero es Luz.

Ciertamente, esto echa por tierra la idea convencional del dinero.

¿Te has dado cuenta de que a veces el dinero parece un poco sospechoso, más que algo indeseable? Muchas veces sentimos como si el dinero estuviera teñido de culpa. La espiritualidad y el dinero no pueden cohabitar legalmente, ¿cierto?

"Tengo que ganar dinero", te habrás dicho más de una vez, "pero eso no es algo espiritual, es como un mal necesario. Para ser verdaderamente espiritual debería subirme a un avión rumbo al Tibet y meditar en la cima de una montaña, ¿no?".

La Kabbalah nos enseña que este paradigma del dinero es **¡incorrecto!**

Y es incorrecto por razones totalmente científicas.

El dinero es energía; y, ¿cómo puede la energía ser mala? ¿Es mala la electricidad? Bueno, si la utilizamos para iluminar nuestra casa, sí que es buena. Pero si metes un dedo en el enchufe, es definitivamente mala. En ambos casos, la electricidad es la misma; lo que cambia es cómo la has utilizado.

El dinero es energía y como toda energía, cuanta más mejor. Pero la energía, como el sol, viene con una etiqueta de advertencia. Si caminas de la mano con tus hijos bajo el resplandor de una puesta de sol en Tahití, será maravilloso; pero si miras directamente al sol del mediodía después de haber pasado 12 años en una cueva, probablemente te quedes ciego. No es el sol el que ha cambiado en cada caso, sino tu relación con él.

¡El Gobierno Está de Acuerdo!
El Dinero No Es Físico

El dinero es energía y, si alguna vez este concepto te parece algo confuso, el gobierno de los Estados Unidos se encargará de recordártelo. En la década de los sesenta, el gobierno liberó al dólar de esa incómoda paridad conocida como "el patrón oro", ¿lo recuerdas? Ésta te permitía cambiar un billete de dólar por su equivalente en oro. Pero esto ya no es así. Actualmente, el dólar es una mera representación de la salud de la economía norteamericana. Es algo espiritual, un símbolo de confianza. El dinero es energía.

Lo Lamento, ¡Has Ganado La Lotería!

Ésta, pues, es la sorprendente verdad: **El dinero ha dejado de ser algo físico.** El dinero es *99%*, no *1%*. El dinero es conciencia.

Un corredor de bolsa de Wall Street pierde la mitad de su fortuna —valorada en 50 millones de dólares— en un solo día; esa caída del mercado le hace perder 25 millones. Entre tanto, el mismo día, un empleado de correos en Wichita vende sus acciones y dobla sus ahorros de 10 mil a 20 mil dólares. ¿Cuál de ellos se va a dormir esa noche con un sentimiento de mayor seguridad y satisfacción? ¿El corredor de bolsa con sus 25 millones o el empleado de correos con sus 20 mil?

El dinero no es físico.

Cuando utilizas el dinero para compartir —para hacer que las cosas crezcan, para traer proyectos a este mundo, para ocuparte de tu familia— el dinero será una fuerza para el bien. Pero si aparece en tu vida cuando no te lo has ganado o no te lo mereces y lo utilizas para satisfacer tus deseos más egoístas, entonces el dinero puede destruirte.

Y si piensas que el dinero es algo que debe ser evitado, el dinero mismo te evitará al final del día.

El universo funciona como un circuito eléctrico: siempre que la corriente fluya, la electricidad es buena. Pero si sobrecargas el circuito, puedes fácilmente quemarlo.

El dinero obedece a la misma ley: si tu actitud hacia el dinero es saludable, éste fluirá y te traerá prosperidad; y si te dedicas a ayudar a otros a obtener esa misma prosperidad, entonces obtendrás aun más. Pero si obstruyes el flujo continuamente, la sobrecarga puede ser desastrosa.

Tal vez tengas ahora en tu bolsillo un billete ganador de lotería, pero esto puede no ser algo bueno. Diversos estudios sobre ganadores de lotería han demostrado que una repentina avalancha de dinero no ganado por uno mismo puede llevar al desastre, y no al increíble cuento de hadas que se vende en los anuncios.

Si quieres escuchar verdaderos cuentos de tragedia, olvídate de los que no tienen trabajo, los enfermos y los desamparados y piensa en las personas que han ganado miles de millones en juegos de azar. Tomemos, por ejemplo, la historia verídica de Jack (no es su nombre real), quien ganó 16.2 millones en la lotería del estado de Pennsylvania:

Una antigua novia de Jack ganó la demanda que le puso para conseguir parte de sus ganancias.

El hermano de Jack fue arrestado por contratar a un asesino para matar a Jack, con la esperanza de heredar una parte de lo que su hermano había ganado.

Los hermanos de Jack lo acosaron hasta que accedió a invertir en un negocio de automóviles y un restaurante en

Sarasota, Florida. Ninguno de estos negocios prosperó y sólo contribuyeron a crear más tensiones en la relación con su familia.

Jack pasó un tiempo en la cárcel por disparar a un cobrador.

En un año, Jack ya tenía una deuda acumulada de 1 millón de dólares.
"Ojalá nunca hubiera sucedido", dijo Jack. "Fue una pesadilla."

Ahora vive de la Seguridad Social.

Cuando una inmensa suma de dinero cae en las manos de alguien que no se lo ha ganado y que no tiene conciencia de que el dinero es energía, abundancia, y que funciona como un circuito, lo que sucede es lo mismo que le sucedería al habitante de la cueva que, tras varias décadas de haber vivido dentro de ella, de repente saliera y mirara directamente al sol.

Si eres el efecto del dinero y no su causa —si tienes dinero que no te has ganado— simplemente no podrás disfrutarlo. Ésta es una regla kabbalística del universo, y tiene un nombre especial . . .

El Pan de la Vergüenza

El término kabbalístico *Pan de la Vergüenza* se remonta a tiempos muy antiguos.

Había una vez un hombre rico que daba continuamente dinero a un hombre pobre. El hombre rico daba, daba y daba; mientras tanto, el hombre pobre seguía recibiendo, recibiendo y recibiendo. Un día, al cabo del tiempo, en lugar de sentir gratitud, el hombre pobre comenzó a sentir resentimiento hacia el hombre rico. Al final, terminó odiándolo.

Recuerda, nuestro mundo fue creado para que pudiéramos ser la causa y no el efecto. El propósito de la existencia es proveer un laboratorio en el cual aprendamos a ganarnos nuestra alegría y plenitud. Así que mientras puede que sueñes despierto con el día en el que ganes la lotería o recibas una herencia, no te olvides que recibir dinero que no has ganado no funciona. Todo aquello que no te has ganado no te satisfará y finalmente se contaminará. El dinero tiene energía, y a través del Pan de la Vergüenza esa energía puede corromperse.

EL ADN DEL DINERO

El ADN es el manual de instrucciones de nuestras células. Al principio éstas se encuentran en un estado indiferenciado, y es nuestro ADN el que decide cuál de ellas se convertirá en una célula del hígado, cuál en una del cerebro o de la piel. Sin embargo, a medida que nuestra vida transcurre, nuestro ADN se va corrompiendo. Según la Kabbalah, podríamos continuar disfrutando de una salud perfecta y podríamos incluso ser inmortales, pero nuestro comportamiento reactivo manejado por el ego corrompe nuestro ADN y, en consecuencia, sus instrucciones. En vez de comunicar a las células que deben continuar saludables, les dice que deben morir y, por lo tanto, envejecemos y morimos.

El mismo principio es aplicable al dinero. Recuerda, el dinero es energía. Así que mientras haya Luz en tu dinero, éste crecerá. Y si reconoces que la Luz fue la que te ayudó a ganarlo —que tu negocio no es para acumular dinero, sino para hacer que circule y crear prosperidad para los demás además de para ti mismo—, el ADN de tu dinero permanecerá saludable.

De esta manera, cada vez que operamos con la conciencia del 1% —con la conciencia del ego—, el ADN se corrompe. En tal caso, incluso un billón de dólares puede desaparecer de un día para el otro. De hecho, la historia registra numerosas fortunas familiares que han desaparecido de esta manera, ya que, al final, **el dinero sin Luz desaparece**. Al Oponente no le importa si tu dinero se encuentra oculto en una cuenta en Suiza o en el fondo del Lago Ginebra; él tiene acceso a cada céntimo que ganas y puede hacer que el dinero desaparezca tan rápido como apareció.

En cambio, si te conectas al *Reino del 99%* —o la conciencia *de la Luz*— tu negocio solamente podrá ir a mejor. No tendrás que conformarte con sólo 15 minutos de fama o un único y gran superéxito, porque con la conciencia de la Luz los límites no existen. Las oportunidades saldrán de sus escondites y aparecerán después de un largo letargo. Un desconocido que se sienta al lado tuyo en el tren puede acabar siendo alguien que tenga las respuestas a todos tus problemas. La vida será excitante: cada momento será precioso y cada dólar que obtengas habrá sido ganado con tu propio esfuerzo.

Con la conciencia del 1% te volverás autocomplaciente. Empezarás a no valorar a las personas ni al dinero, y a darlos por seguro. Y el dinero que no es apreciado, igual que un amigo que no se cuida, acaba marchándose.

Sin embargo, el antídoto perfecto para la autocomplacencia es . . .

La Conciencia del Superviviente

Una de las herramientas más poderosas para lograr la verdadera prosperidad es la conciencia del superviviente, un estado de conciencia que hace posible que las personas superen hasta los horrores más terribles. Me refiero a ese deseo de vivir que encontramos en los supervivientes de los campos de concentración del holocausto nazi o en los campos de batalla de Camboya o Rwanda. Lo vemos en los refugiados que, con gran dificultad, recorren millas a través de montañas cubiertas de nieve para cruzar la frontera de la libertad antes de que se cierre y también en los soldados que han sobrevivido a los terrores de la guerra y regresan a sus hogares con un indomable deseo de lograr algo en sus vidas.

Las personas que poseen la conciencia del sobreviviente son literalmente imparables.

De niño, Roger Bannister sobrevivió a un terrible fuego, pero sus piernas quedaron tan quemadas que los médicos le dijeron que no podría volver a caminar. Él no sólo demostró que los médicos estaban equivocados, sino que fue el primer ser humano que logró correr una milla en cuatro minutos. ¿Cuántas veces ha entrado Donald Trump en bancarrota para luego emerger con más éxito que antes? Cuando Steve Jobs fue despedido de Apple, utilizó su éxodo para fundar Pixar y después regresó a Apple para dirigir y elevar a la compañía a un nuevo nivel de prosperidad y creatividad.

Con todo, la conciencia del superviviente no se limita a aquellos que han logrado salir airosos de una situación extrema. Howard Hughes nació en una familia muy rica, pero su deseo de crear algo nuevo es innegable. La conciencia del superviviente es un estado mental en el que sientes que tu vida pende de un hilo; y desde el punto de vista espiritual así es, ya que si dejas de crecer espiritualmente, mueres.

Quizá hayas tenido la suerte de nacer con la conciencia del superviviente, pero de no ser así necesitas desarrollarla.

Por supuesto, puedes esperar hasta que algún desastre te fuerce a convertirte en un superviviente o, repito, puedes ser la causa: puedes *desarrollar* el sentido de que todo está en una cuerda floja. Para ello, sólo debes darte cuenta de que todo —no solamente la espiritualidad— realmente pende de un hilo. Lo que haces hoy determinará tu mañana. Aceptar la responsabilidad por el mañana te mantendrá alerta para tomar las mejores decisiones en cada momento de tu vida. Es así de simple. Sin embargo, este sencillo conocimiento es extremadamente poderoso. Si te mantienes en este estado, serás imparable.

Tú Eres el Jefe.
Tú Eres el Responsable

Cuando estás ocupado con el *Mundo del 1%* y algo sale mal, no dices: "Es mi responsabilidad; yo soy la razón de que esto suceda", sino que tu respuesta es: "¿Por qué a mí?"

Sabemos que los seres humanos en nuestro estado actual somos algo imperfectos, por lo que cuando surge una situación negativa podríamos encontrar sin dificultad al menos 30 razones diferentes por las cuales hemos jugado un rol decisivo en la creación de nuestro problema. Sin embargo, esta no es la respuesta habitual. Por el contrario, lo primero que hacemos cuando nos enfrentamos a un problema es refugiarnos en una conciencia de víctima, proclamando: **"No es culpa mía"**. "El mundo exterior me lo está haciendo", te dices. "Es la economía; son mis socios; es la mala situación del mercado; es el clima". ¿Cuál es, entonces, el mantra de la conciencia de víctima? Es *¿por qué a mí?* ¿Y cuál es la filosofía de la conciencia de víctima? La negación: "Esto no puede sucederme a mí"; "¿Qué he hecho yo para merecer esto?".

En la conciencia de la Luz, por el contrario, respondes a este suceso negativo diciendo: "Yo soy el jefe en el negocio de mi vida; por lo tanto, soy responsable de todo. Punto. Suceda lo que suceda, si algo sale mal, significa que en algún momento hubo una causa y este es el efecto. Quizá ahora no pueda ver cómo, pero en algún momento yo debo haberlo causado, por lo que también puedo cambiarlo."

¿Y cuál es el mantra de la conciencia de la Luz?: *Soy responsable.* ¿Y su filosofía?: Acéptalo y no huyas, mira a ver qué puedes aprender. Esto sucede por alguna razón y depende de ti el descubrir esa razón. Lo comprendes y lo aceptas, por lo que debes continuar y seguir mejorándote a ti mismo.

Supongamos que tu agencia pierde una cuenta de 100 millones. ¿Tienes la fortaleza para decir: "Genial, esto nos abre las puertas para conseguir una cuenta de 400 millones, porque ahora trabajaremos al 2000% en vez de al 100%"?

Por lo tanto, éste es el plan de negocios kabbalístico para todos los jefes: asumir la responsabilidad de todo lo que te sucede. Es así de simple: acepta la responsabilidad, incluso de aquellas cosas de las que no eres responsable. Sin importar si eres el dueño de una empresa o tienes una división a tu cargo, o eres el recepcionista —cualquiera que sea la jerarquía que ocupas en el negocio—, debes comprender que cualquier cosa que suceda en cualquier punto de la estructura afectará a la estructura como un todo. Es como esas pirámides humanas que vemos en el circo, con diez hombres fuertes formando un soporte humano en forma de triángulo. Cada uno debe asumir la responsabilidad por toda la pirámide, porque cualquiera de ellos es tan importante como el otro: si quitas uno, aunque sea por un momento, la pirámide cae.

Aceptar la responsabilidad ayuda a romper dos de las cadenas más fuertes que el Competidor utiliza para atraparte: la cadena del pensamiento rutinario y la cadena de la culpa.

Sal De La Rutina Ahora

Se dice que Dios se encuentra en los detalles, pero el Competidor está en la rutina; él adora mantenerte preso allí, haciendo las mismas cosas día tras día: viviendo en la misma casa, trabajando duro en el mismo trabajo, regresando en el mismo tren de las 5:35 todos los días. A él le encanta verte dando vueltas en la rueda de hámster dentro de tu jaula. Aun cuando esa jaula pueda tener 5.000 pies cuadrados, una piscina enorme y dos acres de tierra perfectamente cuidada, sigue siendo una jaula.

La jaula de la que estoy hablando es el pensamiento rutinario que no te permite ser como la Luz, como el Creador, y convertirte en la causa de tu propio destino. Sin embargo, en el momento en que te preguntas si eres realmente feliz, comienzas a hacer que la jaula se sacuda. Cuando empiezas a conectarte con la Luz, el Competidor comienza a temblar. Y en el momento en que te das cuenta de que tienes una opción, te conviertes en la causa; entonces puedes escoger si quieres seguir tu rutina o no.

La conciencia de la Luz es la liberación de la camisa de fuerza de lo habitual, de lo previsible y de lo lógico.

Y con ella, todo cambia.

En la conciencia de la Luz no tienes idea de cómo sucederá, pero de alguna forma te encontrarás en el lugar indicado, en el momento preciso.

¿Sabes esos días en lo que todo parece funcionar correctamente, esos días en los que le dices a tu socio que necesitas un diseñador de software que sepa manejar el QXV459X (sin importar lo que esto sea) y entonces aparece por equivocación en tu oficina un individuo buscando la llave del lavabo para hombres, ve el nombre de tu empresa y te dice que él es el inventor del QXV459X y que está buscando un trabajo? Seguro que algo así te ha pasado alguna vez. Pues bien, en la conciencia de la Luz tendrás muchos más días como estos.

Y también conoces esos días en los que tu fax se estropea y un cliente te llama en ese preciso momento para decirte que desea asignarte otro trabajo, pero que antes debes leer los documentos que te acaba de enviar por fax; después tu hijo te llama para decirte que no puede regresar a casa desde la escuela porque nadie lo fue a buscar, al mismo tiempo que tu mejor representante de ventas se te acerca y te dice: "Sólo quería informarte, Chet, que voy a dejar la compañía". Pues bien, en la conciencia de la Luz tendrás muchos menos días como éste.

En la conciencia de la Luz, las bombillas comienzan a encenderse y "de repente" surgen las grandes ideas. Los pantalones que estás vendiendo son exactamente los que se ponen de moda; vives como si la próxima gran idea te estuviera esperando a la vuelta de la esquina porque sabes que esa gran idea aparecerá en el lugar que menos la esperes y saldrá de los labios de la persona que menos supones. Todo esto es la conciencia de la Luz.

En el transcurso normal de los negocios, las empresas pagan millones de dólares para crear su identidad corporativa y esos logos en los que nunca te fijas. Nike una vez pidió que se diseñara un logotipo con la forma de un "zumbido de velocidad". Les costó 75 dólares. No estoy seguro de si Nike estaba conectado con la conciencia de la Luz en ese momento, pero la Kabbalah nos dice que esto es exactamente lo que sucede en la conciencia de la Luz. Ninguna escuela de negocios puede enseñarte esto y no existe ningún curso de master especializado en ello, al menos no en las universidades; tampoco requiere años de estudio.

Cuando eres la causa en tu vida y no el efecto, puedes escaparte de la trampa del pensamiento rutinario. Te das cuenta de que todo y todos cuentan. Reconoces que no existen las coincidencias o los accidentes; todo tiene un motivo, porque todo está conectado. Todo esto se resume así: la Luz quiere que crezcas para que vuelvas a tomar las riendas de tu vida y te conviertas en la causa de tu universo.

Los físicos cuánticos probaron hace muchos años que nuestra percepción diaria del mundo como discontinuo es una ilusión. Existe una conexión cuántica entre todas las cosas, y es en esta conexión cuántica donde puede encontrarse la verdadera prosperidad.

No Culpable

La culpa es el arma del Competidor, el arma que te hace sentir que no eres merecedor de riqueza ni de abundancia. ¿Quién eres *tú*, después de todo? Vienes de un pequeño pueblo en Idaho y todos los que han crecido contigo trabajan en una fábrica de caucho. Por lo tanto, ¿qué derecho tienes tú de disfrutar de un mayor sueldo, para no hablar del resto de tu vida? Hay millones de personas en el mundo que padecen de hambre, y muchas mueren en la miseria cada día, ¿qué te otorga a ti el derecho a la plenitud?

Ésta es la conciencia del 1% en funcionamiento. Ésta es la baja autoestima creada por el Competidor. Pero en vez de caer presa de ella, debes aceptar lo positivo tan firmemente como aceptas lo negativo. Si eres rico, fuiste elegido. Éste es un universo de causaefecto, así que todo lo que tienes te lo has ganado. En algún momento y en algún lugar te conectaste con la Luz —con la fuente— siendo la fuente y la causa de tu propia vida. Elegiste la conciencia de la Luz, y la abundancia ha aparecido en tu camino.

¿Te lo mereces? ¡Por supuesto, y estás destinado a tener aun más! Te mereces la plenitud mucho más de lo que puedas imaginarte. Cada uno de nosotros la merece.

Así que ya es hora de que reclames esa abundancia. Sabemos que el propósito de la vida es convertirnos en el jefe, ser la causa y no el efecto. Nuestro trabajo es conectarnos con la conciencia de la Luz y dejar de lado el

1%. Muy bien, ¿y cómo lo logramos?

Tus antiguos consultores de negocios, los kabbalistas, han creado una gran variedad de herramientas que pueden ayudarte a transformar tu naturaleza, a elevarte por encima de la conciencia del ego y a obtener la verdadera prosperidad: más dinero del que podrás gastar y más alegría y felicidad.

Estas herramientas son estrategias espirituales.

Estrategias Espirituales
para Construir
la Verdadera Prosperidad

Establece Objetivos, Pero Recuerda: Tus Objetivos No Son El Objetivo

Alguien dijo que un objetivo es un sueño con una fecha límite. A mí me encanta esa descripción. Un objetivo es como una promesa que haces a la parte más elevada de ti mismo; es una demarcación en el espacio hacia la cual dirigirás tu energía. En los negocios, los objetivos son la fuerza impulsora en el camino hacia la prosperidad. Sin embargo, en la Kabbalah se ven los objetivos de manera algo distinta.

La conciencia del 1% es tu forma de pensar diaria y convencional; cuando estás en ella no hay causa ni efecto, y obras únicamente desde el ego. Por eso te vuelves obsesivo con tu objetivo, hasta el punto en que éste pasa a serlo todo. "Lo sacrificaría todo para alcanzar mi objetivo. Mis relaciones, mis hijos, mi salud: nada de esto importa. Todo lo que existe es mi objetivo", podrías decir desde la conciencia del 1%. Ni que decir tiene que el resultado de tu actividad planteada de esta forma será el éxito con efectos secundarios. ¿Cuántas personas ricas conoces que tengan una relación profunda y satisfactoria con su pareja, hijos y padres?

En la Kabbalah tú estableces objetivos, pero éstos no son el objetivo real. Los objetivos son como la red en un partido de tenis: te obliga a hacer un buen tiro, pero el sentido del juego no está en la red, sino en el tenis en sí mismo.

A medida que construyes tu prosperidad, tus objetivos son herramientas que pueden motivarte, inspirarte y ayudarte a seguir avanzando; es decir, a definir la estructura del juego. "Quiero ganar 100 mil dólares el próximo año, o 100 millones", puedes decir. O bien: "Quiero tener mi propio negocio, y quiero ver cómo florece en un plazo de tres años". O: "Quiero renunciar a mi puesto en la empresa financiera y escribir novelas románticas". Fija tus objetivos a corto y largo plazo, pero no te pierdas en ellos; debes estar dispuesto a cambiarlos. Porque cuando eres el jefe de tu vida, pones tu confianza en la Luz, y aunque quizá no sepas exactamente hacia dónde ésta quiere llevarte, no te preocupes por ello. Invariablemente, sabes que siempre será el lugar indicado.

Ahora es el momento de que tratemos el tema del ego de nuevo. El ego es definitivamente malo, ¿verdad?

Bueno, sí . . . y no.

EL EGO. UTILIZA EL PODER PARA EL BIEN

El Ego actúa como unas esposas que te atan —física y mentalmente— al Competidor.

Recordarás que dijimos que el ego es como una cortina que nos bloquea la Luz. ¡Y qué cortina tan ingeniosa! No sólo nos bloquea la Luz, sino que además es invisible. Por lo tanto, no sólo nos impide ver la Luz, ¡sino que tampoco nos permite ver la cortina que la cubre!

No es de extrañar que muchas veces tengamos dudas acerca de la propia existencia de la Luz (dudas que, dicho sea de paso, son típicas de la conciencia del ego).

Por supuesto, todos luchamos contra nuestro ego. Pero la Kabbalah, al ser una tecnología y no una religión, nos dice que el problema con el ego no es que sea moralmente incorrecto o pecaminoso, sino que simplemente es una tecnología de mala calidad. El ego te convence de que la insensibilidad egoísta del "yo primero" es un modelo de negocio eficaz, cuando en realidad es todo lo contrario.

"Espera un momento", estarás pensando, "¿no son acaso esos fanfarrones terriblemente egotistas que todos conocemos —esos tipos que son tan engreídos y tan profundamente insensibles con los demás— los que siempre se las arreglan para alcanzar el éxito?". La respuesta es que esta clase de gente puede llegar a alcanzar un éxito temporal, pero no permanente. Y te aseguro que no disfrutan de la prosperidad verdadera.

Dado que estamos consumidos por el ego la mayor parte del tiempo, necesitamos hacer un trabajo entorno a éste. Es preciso que desarrollemos una estrategia para lograr que el ego sirva a un buen propósito, como si fuera un pariente que trabajara en tu empresa y tuvieras que asignarle una tarea que lo mantuviera ocupado y le impidiera crear problemas. (Puede que este familiar sea más un problema que una ventaja, ¡pero no puedes despedirlo!).

Por lo tanto, hagamos que el ego se transforme en un poder para el bien; pongamos esta fuerza negativa a trabajar para nosotros. El ego es una herramienta peligrosa porque puede impulsarte, pero también llevarte a la ruina; sin embargo, si no dejas que te controle, el ego puede incitarte a conseguir grandes logros.

En la década de los 70, el ejecutivo Lee Iacocca fue despedido de la Ford Motor Company tras una encarnizada lucha con la dirección. Poco después, Iacocca recibió la oferta de convertirse en presidente de Chrysler, el eterno rival de la Ford que estaba pasando por un mal momento. "Es demasiado", dijo Iacocca a su esposa. "No puedo hacerlo."

"El Sr. Ford se sentirá probablemente muy contento al oír eso", contestó su esposa.

Y con eso fue suficiente.

Lee Iacocca tomó las riendas de Chrysler, logrando uno de los repuntes más espectaculares en la historia corporativa de los Estados Unidos. El ego era su fuerza impulsora en Chrysler, pero la verdadera base del éxito de Iacocca fue que sus esfuerzos transcendieron su ego. Chrysler se convirtió en una causa para él, no en un trabajo. Y como el objetivo era mayor que sus motivos personales, llevó a miles de personas a crear milagros en un pueblo que los necesitaba desesperadamente.

Lo que Lee Iacocca descubrió —y lo que tú necesitas en tu vida— es una herramienta muy poderosa llamada "propósito superior".

No Se Trata De Mí

Los científicos dicen que en nuestro estado natural utilizamos alrededor del 4% de nuestro cerebro; hasta tal punto llega el estado de dominación que el Competidor ejerce sobre nosotros. Pero esto no tiene por qué ser así.

¡Únete a la resistencia! ¡Lucha contra el programa! Cuando nos elevamos por encima de nuestra naturaleza egoísta, conseguimos acceso al otro 96% de nuestro cerebro, que es el lugar de donde provienen las grandes ideas de negocios, la información inspirada y los mensajes del universo que parecen venir de la nada. Y "la nada" es otro término para este inutilizado 96% del cerebro.

¿Puedes utilizar nuevas y grandes ideas en tu negocio en vez de pequeñas y viejas ideas? ¿Puedes, igual que el técnico del laboratorio de investigación de la marca 3M, intentar desarrollar un adhesivo fuerte pero fallar, logrando así un adhesivo que se queda pegado en los objetos pero que también puede despegarse fácilmente? ¿Y puedes después decidir ponerlo en pequeños trocitos de papel amarillo y llamarlos *post-it notes*?

Como socio fundador del movimiento de la resistencia, decide que tu negocio será algo más que sólo tu ego y que tendrá un propósito superior. Tu negocio puede asentarse en proveer un ambiente que cultive a sus empleados o en asegurar una excelente educación para tus hijos; o bien en transmitir alegría a las personas mediante un nuevo producto. Hasta podría ser un motor de crecimiento de tu comunidad. Tu negocio puede ser una cantidad de cosas innumerables, pero no puede basarse sólo en ti.

Es probable que tengas uno o dos aparatos Sony en tu casa. Sony nació en los escombros de la derrota de Japón en la Segunda Guerra Mundial, cuando la imagen del país se hallaba en ruinas, igual que su economía. El propósito superior de Sony era darle al mundo una razón para que Japón le agradara de nuevo. Y gracias a que estaba imbuido con un propósito superior, Sony se conectó a la conciencia de la Luz. Esa conciencia se filtró hacia abajo en la jerarquía, llegando hasta cada oficina y cada rincón de la compañía, y así Sony se convirtió en una gran empresa global.

Cuando estás llevando a cabo un negocio, necesitas atraer la Luz hacia él. Si tu negocio no es más que un escenario para interpretar el drama de tus emociones y reacciones, aunque alcances un éxito temporal, éste no perdurará. Y puedes estar seguro de que no te traerá la verdadera prosperidad.

Simplemente, el ego no es un motor de crecimiento sostenible.

Y lo increíble del asunto es que cuando tu negocio no está concebido sólo en función de ti mismo, ¡se vuelve mucho más divertido!

Disfruta Del Proceso

SL 23
↗ BITAJON

La Luz te pide una cosa: que disfrutes del proceso. Conectarse con la Luz es como formar parte de una película cuyo final feliz está garantizado. Aun cuando la tormenta arrasa o los malos atacan, tú interpretas tu papel, pero en lo más profundo de ti no estás preocupado. Y esto es así porque sabes que al final acabarás derrotando a los villanos y caminando a la luz del sol del atardecer del brazo de Julia Roberts o Brad Pitt.

Como jefe, conoces la clave: cuando surge un desafío, tú eres el responsable. Sabes que eres la causa, y no el efecto. Por lo tanto, la próxima vez que surja un problema, no vayas precipitadamente a refugiarte en tu conciencia de víctima. Nunca se te ocurra pensar que el universo te está castigando; aleja esa idea de tu mente y acepta tus problemas como lo que son: enfrentamientos con el Competidor que te dan la oportunidad de alcanzar la grandeza y superar el desafío que estás afrontando.

La conciencia de la Luz te permite disfrutar del proceso. ¿A quién le importa si ocurre un contratiempo en ese momento en particular? Tú ves el Cuadro Completo; y ciertamente se ve muy bien.

No debes sobreexcitarte cuando todo va bien, así como tampoco debes deprimirte si sucede lo contrario. Pásatelo bien y el universo se abrirá. Establece objetivos que te mantengan entusiasmado y no dudes en cambiarlos sobre la marcha. Reconoce que mientras el Competidor pone en juego su sistema para hacerte caer, esa fuerza es también una oportunidad para impulsarte y convertirte en la causa de tu propio movimiento progresivo.

En la conciencia de la Luz buscamos la felicidad desde una posición de felicidad, no desde la necesidad de ser felices. En otras palabras, no estás llenando un vacío; tú ya estás completo, y tu trabajo es una expresión de ello.

Ahora bien, hay una inversión, una sola, que debemos hacer, una única cosa que necesitamos sacrificar: nuestro ego. Pero no te preocupes; de todas formas, el ego es sólo una ilusión.

El Estrés Es Una Tabla De Surf

El estrés es un choque entre lo que eres y lo que podrías ser; es una ola que se mueve a través de tu vida. Pero si vas a ser la causa y no el efecto, no debes enfrentarte a esa ola pensando que no vas a poder con ella, sino diciéndote: "Esta ola es complicada, pero me subiré a ella".

Al subirte a una ola, estás aprovechando la energía de esa ola y utilizándola para elevarte a nuevas alturas.

Según la Kabbalah, existe un sistema para la Luz y para el contenedor de la Luz. ¿Quiénes somos nosotros? Somos contenedores de la Luz, Y es esa Luz dentro de nosotros la que nos da el sustento y nos permite funcionar. Sin embargo, además de nuestra Luz interior existe otra que la Kabbalah llama "Luz Circundante". Esta Luz representa nuestro potencial: toda la abundancia que nos está esperando, todo el dinero, los negocios, las ideas, los almuerzos en familia, la verdadera plenitud más allá de lo que podemos concebir. Todo eso existe ahora en estado potencial.

Y en este punto es cuando entra en juego el estrés, que es precisamente la tensión entre la Luz Interior y la Luz Circundante, entre lo potencial y la realidad.

Sin embargo, eso es una buena noticia, ya que significa que ese estrés, en esencia, es Luz. Habrá quien afirme que el estrés causa la muerte; pero en realidad no es el estrés el que lo hace, sino nuestra reacción ante éste. A menudo reaccionamos ante la Luz encontrando diversos medios para bloquear su entrada. Pero al no dar paso a la Luz, en realidad, estamos matándonos a nosotros mismos. Por lo tanto, la idea no es bloquear el estrés, sino dejarlo entrar.

¡Y utilizarlo para subirnos a la cresta de la ola!

¡El Estrés Es Luz!

Las áreas en las que experimentamos estrés son muy especiales, ya que nos señalan las zonas oscuras que hay en nuestras vidas. Son lugares que el estrés ilumina para nosotros como si fuera una linterna, mostrándonos a dónde necesitamos dirigir nuestra atención; son espacios en los que nuestras acciones negativas han bloqueado el paso de la Luz. Nuestro comportamiento egocéntrico ha sido el que ha creado estas manchas de oscuridad, proporcionando así un mapa de ruta para la Luz. Ésta actúa como un detergente espiritual que nos lava hasta llegar a las manchas más difíciles de sacar.

El estrés, entonces, no es solamente una tabla de surf, sino también un agente de limpieza. Debemos aceptar el estrés, ya que igual que cualquier otra condición negativa, está aquí para enseñarnos. Al final de un ciclo de lavado, la camiseta está limpia. Si aceptamos el estrés sin reservas, no sólo no tendrá efectos adversos, sino que tendrá un efecto sorprendente. Nos dará el poder para lograr una mayor satisfacción y realizar todo nuestro potencial, brindándonos la oportunidad de acceder a más ideas, más dinero y más prosperidad verdadera.

Hay un relato kabbalístico clásico que ilustra muy bien cómo el estrés actúa como una linterna que encuentra la oscuridad por nosotros. La historia empieza con un hombre cuyo amado hijo cae de repente enfermo. A medida que pasa el tiempo, el niño se enferma cada vez más, hasta que un día el médico comunica al padre que ya no queda esperanza y que no hay nada que pueda hacerse para salvar a su hijo. Muy afligido, el hombre toma al niño y se marcha corriendo a ver al kabbalista de la comunidad para explicarle que él es la última esperanza del niño. El kabbalista se dirige a sus aposentos a meditar, se conecta a la Luz mediante la oración kabbalística y finalmente se le ocurre una idea. "Ve al pueblo", le dice a su asistente, "y reúne a diez ladrones. Consigue a los diez hombres más malvados que puedas encontrar —hombres que estén bien entrenados en su perversa habilidad— y tráemelos."

El leal asistente, confundido, se recorre el pueblo, reúne a las diez personas más malvadas que encuentra y las lleva ante el kabbalista para lleve a cabo la oración. Media hora después, alguien golpea a la puerta: es el hombre cuyo hijo estaba a punto de morir, pero ahora su rostro brilla de alegría. "Mi hijo respira de forma normal", dice el hombre. "El color ha vuelto a su rostro, ¡creo que se pondrá bien!".

Cuando el padre del niño se va, el asistente se acerca al kabbalista y le dice: "Podría haber escogido a cualquier persona para que meditara con usted, incluso podría haber reunido a las personas más iluminadas y justas para que rezaran por este niño. ¡Estoy seguro de que hubieran podido hacer más que estos villanos que me ha mandado buscar!". El kabbalista mira a su asistente y le responde gentilmente: "Cuando vi que las Puertas del Cielo estaban cerradas para este niño, supe que no había nada que yo pudiera hacer. Pero luego tuve una idea, y entonces te pedí que buscaras a esta banda de ladrones para que me ayudaran. Me di cuenta de que los buenos ladrones lo saben todo acerca de abrirse paso y entrar. ¡Ellos forzaron las cerraduras! Estos criminales lograron entrar por las Puertas del Cielo y ésta fue la única forma en que mis plegarias pudieron hacerse paso y llegar hasta el santuario de los cielos".

Tal como quizá ya hayas adivinado, los ladrones en esta antigua leyenda representan nuestras características negativas y egocéntricas. Cuando identificamos nuestras cualidades egocéntricas y deshonestas y las trabajamos para transformarlas, la llave gira y la puerta se abre. Como consecuencia, las bendiciones y la buena fortuna se abren camino para llegar hasta nosotros. ¡Nuestros rasgos negativos son la llave!

Si queremos saber qué es lo que nos está deteniendo, debemos buscar la oscuridad, porque sólo a través de esta oscuridad encontraremos la Luz. Y esto es precisamente lo que hace el estrés: encuentra la oscuridad y, precisamente detrás de ella, es donde hallamos la Luz.

Sin estrés no podríamos traer la Luz Circundante a nuestras vidas. Sin estrés, alcanzamos nuestros límites naturales de complacencia y nos topamos con una pared que impide que nuestra empresa se eleve hasta el próximo nivel; una pared que no nos permite lograr la grandeza que estamos destinados a lograr. Por esta razón, lejos de ser algo molesto o que debemos evitar, ¡el estrés es un don que debemos buscar!

Lo primero que pregunto a las personas que me dicen que

están estancadas es: "¿Estás evitando el estrés? Cuando el estrés aparece, ¿lo eludes? ¿Tomas algo para escaparte de él, como comida, sexo o drogas?".

El estrés es un don, pero a menudo viene de la mano de su devastador hermano gemelo, algo que también puede ser un don. Y éste es . . .

EL MIEDO.

MIEDO. ¿PUEDES ASUMIR LAS CONSECUENCIAS?

Una vez, dos pacientes de una institución mental decidieron planificar su huida. Para ello, se distribuyeron las tareas del siguiente modo: mientras que uno reuniría las provisiones, el otro investigaría las condiciones del muro que rodeaba el edificio para luego diseñar una estrategia de salida. "Si la pared es más baja de seis pies, la saltaremos", dijo el primer paciente a su compañero. "Si es más alta, haremos un túnel por debajo".

A medianoche, el primero logró entrar en la cocina, cogió algo de comida y fue a reunirse con el segundo. Sin embargo, cuando llegó al punto de reunión, vio que su compañero estaba llorando. "Nunca lograremos escapar", dijo su compañero angustiado.

"¿Por qué?", preguntó el primer paciente.

"No hay muro", fue la respuesta del segundo.

El miedo es como este muro en nuestras mentes. No existe realmente; simplemente está allí para mostrarnos que debemos reparar algo. Tanto el miedo como el estrés son fuerzas que se nos otorgan para ayudarnos a seguir avanzando. Sin embargo, la mayoría de las veces tienen el efecto opuesto: nos paralizan o nos hacen retroceder.

Falsa Evidencia Aparentemente Real

El miedo es una ilusión, y por esto decimos que la palabra miedo en inglés, *fear*, representa las siglas de la frase: **F**alse **E**vidence **A**ppearing **R**eal, que significa: "falsa evidencia aparentemente real".

Un estudio reciente llevado a cabo por la Universidad de Pensilvania reveló que el 40% de nuestras preocupaciones nunca se materializan. El mismo estudio descubrió además que el 30% de nuestras preocupaciones están relacionadas con el pasado, y que por tanto ya no se pueden cambiar. Otro 12% demostró estar dirigido entorno a asuntos de otras personas y, por lo tanto, tampoco puede hacerse nada al respecto. Otro 10% se enfocaba en enfermedades imaginarias. Finalmente, se determinó que solamente el 8% de nuestras preocupaciones estaban justificadas.

El miedo opera de forma semejante al estrés: te señala exactamente dónde debes enfocarte.

Pero, volviendo a la cuestión de la prosperidad, el tema que nos ocupa, permíteme preguntarte lo siguiente: ¿Tienes miedo al éxito? Desde el punto de vista kabbalístico, el miedo al éxito es en realidad el ego invertido, es la inversión del miedo al fracaso. Es una forma de decir: "Si nunca tengo éxito, nunca fallaré".

Sin embargo, el estrés y el miedo son tus consultores de negocios más sabios, por lo que no debes huir de ellos, sino aceptarlos. Yo pienso en el estrés y el miedo como si fueran un baño de vapor. ¿Qué sucede en un baño de vapor? Te sientas y de repente sientes como si no hubiera aire para respirar. El vapor caliente llena la habitación y te envuelve. Tu primer impulso es intentar escapar. Pero si te quedas sentado, el vapor te limpia y se acaba aclarando; finalmente sales del baño sintiéndote una persona nueva.

El miedo y el estrés son como un baño de vapor cómodamente instalado dentro de tu negocio. Así que dale la bienvenida al vapor y al calor. Limítate a sentarte y a dejar que hagan su trabajo.

El secreto del universo es que nunca se trata de una competición entre tú y tus obstáculos, ni tampoco entre tú y tus miedos; el asunto es entre Dios y tú. Se trata de ti y de la Luz que revelarás, de la prosperidad que disfrutarás y compartirás. Los obstáculos solamente indican cómo revelarás la Luz. Puedes dejar que el miedo y el estrés enlentezcan tu trabajo o puedes reconocer que están allí para ayudarte a avanzar.

Y, como jefe de tu vida, depende de *ti* el seguir avanzando; nadie hará el trabajo por ti. Estudios de investigación revelan que el 90% de los negocios fracasa en su primer año de funcionamiento. Uno de los motivos de que esto suceda radica en "la falsa evidencia que parece real": el miedo. "¿Dices que hay problemas? Entonces, es mejor que abandonemos". De hecho, no existe organización financiera en la tierra —ninguna oficina ni lugar de trabajo en el mundo— que esté libre de tensiones y ansiedades. Cuando experimentas el estrés con alguien, es una señal de que debes aceptar la responsabilidad y ocuparte del problema ahora. Es un mensaje de que debes *hacer* algo. Y ese mensaje será cada vez más fuerte cuanto más tiempo lo ignores. El miedo se vuelve aun peor cuando evitamos enfrentarnos a él.

Supongamos que estás en un desierto y que tienes dos guías. No te conviene escaparte de su lado ni ignorar sus consejos ¿cierto? De una forma parecida, el estrés y el miedo son tus guías; y aunque tu primer impulso sea deshacerte de ellos, debes guardarte de este impulso.

Sin las herramientas y estrategias kabbalísticas que estamos describiendo en este libro, querrás destruir a tus guías o encontrar formas de simplemente sobrellevarlos. Sin embargo, con las herramientas de la Kabbalah podrás dar la bienvenida a tus guías y, al hacerlo, ellos te guiarán por el desierto y te llevarán al oasis conocido como verdadera prosperidad.

Todo lo que necesitas es . . .

Certeza

Muy bien, así que ahora te estás volviendo la causa y no el efecto en el camino hacia la riqueza y la prosperidad.

Has establecido objetivos, sabiendo que los objetivos no son las metas sino la red que te ayuda a realizar un buen tiro. Te has dado cuenta de que crear un negocio basado en impulsos egocéntricos es un modelo de negocios defectuoso y has reconocido que el secreto del crecimiento sostenido es la existencia de un propósito superior. Sabes que el estrés es una tabla de surf en la que te debes subir, que el miedo es una ilusión que debe desenmascararse, y que ambos son herramientas que te muestran los aspectos que necesitas trabajar. Ese trabajo transformará tu naturaleza y te permitirá conectarte con el Reino del 99%.

Pues bien, el cimiento de toda esta actividad es la certeza. Serás exitoso cuando tengas certeza y no lo serás cuando no la tengas. Si no estás seguro de que puedes convertir el miedo y el estrés en tus aliados, si no tienes la firme certeza de que eres digno de la prosperidad y de que te mereces la riqueza, entonces el universo se ocupará de que no las tengas.

La certeza es el cable de energía para todas las tecnologías de este libro. Sin certeza, este libro no es más que un puñado de herramientas eléctricas de Black & Decker sin enchufe donde conectarlas. Al final no podrás construir nada con ellas. Si tu actitud es: "Bueno, nada me ha dado resultado hasta ahora y estas herramientas kabbalísticas probablemente tampoco funcionen, pero qué más da, lo intentaré", entonces te sugiero que dejes de perder el tiempo y tires este libro al cubo de basura más cercano.

La certeza es algo que descubrimos. No es ningún tipo de pensamiento positivo que untamos sobre nuestras dudas como si fuera mermelada de frambuesa. Y esto es así porque . . .

La Certeza Es Conciencia De La Luz

La certeza es conocimiento puro. La mente racional es un aliado directo del Competidor, y a él le gusta que reflexiones sobre ello. Y que *reflexiones sobre ello*. Y que reflexiones sobre ello.

Si tienes certeza no irás tambaleándote a través del caos, esperando que al final las cosas salgan bien: esperando que el mercado dé un giro o que todo el mundo desarrolle de repente una afición a los pantalones verdes porque es precisamente el producto que tú vendes.

Cuando confías en la Luz, estás compartiendo; tu negocio tiene un propósito superior a tus intereses personales y tienes certeza.

Ni la genialidad en todas sus variantes —ni un master o doctorado en Harvard, ni siquiera el ser una buena persona— te garantizará la verdadera prosperidad tal como lo hace la certeza.

Cuando tienes certeza, ya no estás a merced de cada pequeña cosa que sucede. Eres el conductor del volante, y desde esta posición ventajosa puedes manejar el recurso más vital que te ha sido otorgado, y que es tu . . .

TIEMPO

¿Qué es el tiempo exactamente?

Ésta es una buena pregunta.

Una Breve Historia Kabbalística del Tiempo

Los científicos luchan con el tiempo. Todavía no están seguros de lo que es.

Sin embargo, la Kabbalah nos dice que quien nos ha dado el tiempo no es otro que nuestro Competidor.

Pregunta: ¿Por qué este Oponente, el Máximo Competidor en el negocio de nuestra vida, creó una cosa tan extraña como el tiempo?

Respuesta: El tiempo existe con el único propósito de permitirnos el libre albedrío, a fin de alcanzar nuestro destino y ser la causa de nuestra vida, para que podamos ser como Dios y convertirnos en el Creador de nuestro universo y, por lo tanto, ganarnos la Luz.

Sin duda, esto no es algo fácil de asimilar; y como probablemente nunca nadie te haya descrito el tiempo de esta manera, te lo volveré a repetir: el tiempo es un regalo. Nos permite ejercitar nuestro libre albedrío. El libre albedrío nos da la oportunidad de convertirnos en la causa —en el jefe del negocio de la vida— y nos permite ganarnos nuestra propia plenitud en vez de experimentar el Pan de la Vergüenza.

Pero ¿cómo nos permite el tiempo ejercitar nuestro libre albedrío? Examinémoslo con detenimiento.

LA BRECHA ENTRE CAUSA Y EFECTO

Según la Kabbalah, la brecha entre causa y efecto se llama tiempo, y es esta brecha la que nos permite ejercer la libertad de elección. Esto se debe a que si la conexión entre la causa y el efecto se produjera de forma inmediata —si cada vez que hirieras a alguien, ellos te hirieran de vuelta al instante— aprenderías rápidamente a no hacer nada malo. ¡Sería estúpido! Harías algo incorrecto y entonces *¡zas!* sentirías las consecuencias. En este universo de respuestas instantáneas, ¿quién no sería una persona justa, desinteresada y que se ocupa de los demás?

Pero entonces todo sería demasiado fácil, porque no habría lugar para el libre albedrío.

Por eso cuando el tiempo entra en la ecuación las cosas se vuelven mucho más misteriosas; porque no puedes ver la conexión entre la causa y el efecto. Incluso puede que dudes de su existencia.

FICCIÓN

El gran dramaturgo Oscar Wilde una vez definió la ficción como el lugar donde los buenos son recompensados y los malos, castigados. Semejante cinismo sólo es posible cuando la brecha entre la causa y el efecto no te deja ver lo predecible, y cuando parece que las malas personas salen airosas de sus actos nefastos mientras que las buenas personas son las que sufren.

Tal vez alguien te mintió y robó tu dinero, o un cliente se esfumó sin haberte pagado su deuda y, de todos modos, ambos parecen estar prosperando. Mientras tanto, ¿recuerdas a aquella afable mujer que trabajaba duro en la oficina y era tan comprensiva con sus colegas? ¡Fue despedida!

La conciencia del 1 por ciento puede ver estos ejemplos como una prueba de que la causa y el efecto no existen y que por tanto la justicia tampoco. Pero esto sucede porque la conciencia del 1 por ciento te impide ver la función que cumple el tiempo a la hora de separar la causa y el efecto.

Cuando te conectas con la conciencia de la Luz, los secretos son revelados. Nadie puede evadir su responsabilidad, porque la realidad externa es una ilusión. Cada acción vuelve a ti, esto es cierto, pero es incluso mucho más inmediato que eso. Para empezar, cada acción no se va a ningún lado. La negatividad que se genera por causa del comportamiento interesado y egocéntrico se acumula y forma una cortina tras otra, bloqueándote el paso de la Luz.

Por lo tanto, el tiempo nos permite la libertad de elegir. Podemos elegir el camino del 1% o el camino del 99%. Podemos ser la Luz o aventurarnos cuesta abajo por un camino lleno de conciencia de víctima, caos y deseos incumplidos, ese sendero que te lleva al reino donde nada es duradero. Pero si elegimos la Luz, el camino nos llevará a todo lo que necesitamos. Por supuesto que tendremos nuestros altos y bajos, pero disfrutaremos de la emoción de los logros a medida que lo vayamos recorriendo.

La Mujer del Sueño

Había una vez un hombre tan sabio, que se convirtió en un eminente maestro espiritual a edad muy temprana. Una noche tuvo un sueño en el que una mujer mayor se le acercaba en busca de ayuda para sus hijos, y tan vital era para ella esta ayuda que parecía que se lastimaría si él no se la ofrecía. El hombre despertó profundamente afectado por el sueño y se mantuvo alerta a lo largo del día; sabía que el sueño había sido importante, que una anciana necesitaba urgentemente su ayuda. Dado que ella no apareció ni el primero ni el segundo día, el hombre permaneció alerta durante varias semanas; pero con el paso del tiempo comenzó a olvidarse. Recordaba que una mujer se le acercaría, pero se había olvidado del motivo. Con el paso del tiempo recordaba que había tenido un sueño, pero no podía recordar qué había soñado. Finalmente, también olvidó el sueño.

Pasaron muchos años. El hombre ya tenía alrededor de 60 años cuando una noche, a las 3 de la mañana, alguien golpeó a su puerta. Su esposa contestó. En la puerta, una mujer mayor dijo que tenía una pregunta urgente para hacerle al maestro. Su esposa lo despertó inmediatamente, pero él estaba tan cansado después de un largo día de trabajo que pidió que la mujer regresara a la mañana siguiente. Entonces, de repente, recordó su sueño y corrió hacia la puerta. La mujer ya no estaba. "¿Mencionó algo sobre sus hijos?", preguntó a su esposa, y ella asintió. Fue en ese momento cuando el maestro se dio cuenta de que se trataba de la mujer de su sueño, por lo que salió corriendo de la casa y comenzó a buscarla frenéticamente. Cuando por fin la encontró, ella ya había intentado quitarse la vida, pero todavía estaba viva y el maestro pudo devolverle la salud.

Por causa del lapso de tiempo, el maestro no pudo conectar el sueño con la llegada de la anciana a su puerta. Por motivo de la desconexión entre la causa y el efecto, la mujer tuvo que sufrir; pero el maestro finalmente hizo esta conexión, lo cual salvó la vida a la mujer.

Recibimos pistas a lo largo de nuestro camino; obtenemos mensajes del universo sobre la dirección que debemos tomar. Muchas veces la información parece aleatoria, pero si podemos realizar las conexiones, puede cambiar todo. Tenemos el poder para conectar la información y, al hacerlo, podemos disminuir la brecha entre la causa y el efecto.

Lo que estoy diciendo es que ¡tenemos el poder de eliminar el tiempo de nuestra existencia!

El Tiempo Es Una Banda Elástica

Digamos que tienes un plan de cinco años para tu negocio. Lo inicias, obtienes un crédito, construyes tu negocio, devuelves el crédito y comienzas a ganar dinero: todo esto en cinco años. Estupendo. Pero, ¿realmente deseas esperar cinco años?

¿Y si pudieras reducir los cinco años a uno solo? ¿O a un mes? Con las herramientas de la Kabbalah, tienes precisamente este poder. Puedes tener en este momento todo lo que vas a ganar en los próximos 15 años. Nunca supiste que tenías el poder de reducir el tiempo, pero lo tienes. El tiempo es elástico cuando te conectas con la conciencia de la Luz.

Cuando tienes certeza y **sabes** que las cosas sucederán —cuando aprovechas el ego que te alienta en vez del que te hunde— puedes acortar el tiempo y eliminar la brecha entre la causa y el efecto. Entonces el tiempo trabajará para ti.

Cuando el tiempo trabaja para ti, no solamente puedes reducir la brecha entre la causa y el efecto —una extensión de la banda elástica— sino que también puedes alargar el tiempo que tienes para lograr tus prioridades: el otro estiramiento de la banda elástica.

Algunos viven 70 años como si fueran un día.
Algunos viven un día como si fueran 70 años.

El Rey David

El dinero va y viene. Siempre puedes ganar más; pero sin embargo, cuando el tiempo pasa, ya no vuelve más.

La Kabbalah nos asegura que el tiempo es el recurso natural no renovable más precioso para nosotros. Por lo tanto, debes hacerte la siguiente pregunta:

¿Estás siendo productivo con tu tiempo o simplemente estás ocupado?

¿Estás definiendo tus prioridades sin desviarte de ellas o estás simplemente haciendo . . . lo que sea?

Si no apreciamos el tiempo que se nos da, nuestro tiempo no contendrá la Luz.

Esta es la verdad acerca del tiempo. Si nuestro tiempo no contiene la Luz, estamos siguiendo el juego del Competidor, estamos en sus manos. Sin la Luz, siempre nos encontraremos en el lugar inoportuno, en el momento no deseado y tomaremos decisiones "brillantes" que más tarde lamentaremos.

Tómate tiempo para establecer tus prioridades y trata tu tiempo como si fuera la joya más preciosa; entonces, algo sorprendente sucederá: la Luz te guiará. Aun cuando tu prioridad no sea la correcta, la Luz desplazará tu enfoque hacia lo más favorable para ti. Por el solo hecho de hacer el esfuerzo para establecer prioridades, te encontrarás en el lugar indicado a la hora indicada para hacer exactamente lo correcto. **Sé la causa del tiempo, no su efecto.**

Utiliza El Tiempo: No Dejes Que El Tiempo Te Utilice A Ti

¡Hay tantas cosas que puedes hacer cada día! La Biblia nos cuenta que el Rey David administraba su tiempo de forma bastante eficiente. Y ciertamente logró muchas cosas durante su ilustre carrera. Fue él quien observó que el tiempo es maleable, y diferente para cada persona según su conciencia.

La burbuja de Internet puede que ya haya explotado, pero nos enseñó una lección muy profunda. Los empleados de compañías de alta tecnología fueron secretarios un día y millonarios al día siguiente. La lección aquí es que el tiempo es una ilusión y que la abundancia puede ocurrir instantáneamente. Y cuando la Luz se encuentra de tu lado, no debes esperar años para que la riqueza aparezca.

No queremos nuestra abundancia cuando tengamos 90 años, la queremos ahora. Y podemos tenerla, siempre y cuando actuemos como la Luz, siempre que seamos la causa y no el efecto en nuestras vidas, siempre que nos comportemos con certeza.

El tiempo es dinero, el tiempo es Luz y el tiempo está bajo nuestro control. ¡Por eso podemos convertirnos en seres de abundancia y verdadera prosperidad, y obtener todo lo que queremos en este preciso momento!

LLena Tu Tarro De Piedras

Una vez un maestro reunió a sus discípulos y les mostró un gran tarro de arcilla. "Ayúdenme a llenar este tarro con piedras", les pidió. Los discípulos recolectaron piedras de los alrededores y llenaron el tarro hasta que ya no cabían más.

"¿Está ahora lleno el tarro?", preguntó el maestro.

Todos los estudiantes respondieron que sí. Pero el maestro tomó unos guijarros y preguntó: "¿Creen que entrarían algunos de éstos en el tarro?".

Entonces los discípulos comenzaron a llenar el tarro con guijarros. Pese a que un minuto antes habían pensado que el tarro estaba lleno, se sorprendieron al ver cuántos guijarros cabían en los espacios que había entre las piedras. Cientos de guijarros entraron, hasta que no cupo ninguno más.

"¿Está lleno ahora?", preguntó el maestro. Y de nuevo los discípulos contestaron que sí.

El maestro dijo entonces: "Quizá podríamos ver si aun entra un poco de arena", y comenzó a verter arena en el tarro.

Una vez más, los discípulos se asombraron al ver cuánta arena cabía entre los guijarros.

Finalmente, cada pequeño espacio del tarro estuvo lleno.

"Ésta es una lección", continuó el maestro. "Si hubiéramos comenzado poniendo la arena, nunca habríamos podido meter los guijarros. Si hubiéramos comenzado colocando los guijarros, nunca habríamos podido poner las piedras. Este tarro es como la vasija de nuestras propias almas. Necesitamos llenar primero nuestras almas con las cosas grandes. Una vez lo hayamos hecho, nos sorprenderemos al ver cuánto espacio libre queda para todo lo demás".

Concéntrate en lo importante y no sólo lograrás lo que te has propuesto, sino que, de alguna forma, también conseguirás que todo lo restante de tu lista se cumpla. Sin embargo, si te enfocas en las cosas pequeñas, nunca lograrás realizar las más grandes.

Si desperdicias tu tiempo en lo que no es prioritario para ti, tus prioridades nunca lograrán realizarse. Tu tiempo se desvanecerá.

Primero llena tu tarro con piedras, y así quedará espacio para la arena y los guijarros.

Te propongo un ejercicio: escribe en un papel tus prioridades para la semana, el mes y el año. Luego asígnales un número. Sé honesto y selecciona aquellas prioridades que llevarán tu negocio y tu vida a donde tú quieres que vayan.

Después utiliza esta lista como si fuera la sagrada escritura. Acude a ella a menudo y asegúrate de estar concentrándote en la dirección de tus prioridades: uno, dos, tres, cuatro, cinco.

Las prioridades demuestran el poder de la concentración.

Aquello en lo que nos concentramos es aquello que se materializará en nuestras vidas.

Tú eres el jefe en el negocio de tu vida. Tu concentración es tu poder. ¡No lo derroches! Si te concentras en las cosas pequeñas, aparecerán en tu vida cosas pequeñas.

Cuando establezcas tus prioridades ten en cuenta que deben tener un propósito superior, igual que todo lo demás en tu vida. Te estás conectando con la conciencia de la Luz, no con la conciencia reactiva, diaria y común del 1 por ciento. Tú eres la Luz, no el contenedor, por lo que tus prioridades también deben incluir a las otras personas. Haz que tu prioridad sea servir a la humanidad con tus acciones y, como ciudadano del mundo, tomar acción para ayudar a eliminar el dolor y el sufrimiento que cubren el planeta.

En lugar de eso, tu prioridad podría ser proveer una mejor vida a tu esposa, tu amante, tu pareja, tus hijos o tus padres; suponiendo que esa prioridad se basa *verdaderamente* en ellos. Asegúrate de que no se trate sólo de **ti**, porque eso sería la garantía de que no obtuvieras beneficio alguno.

Y si esto te suena como una paradoja, ¡bienvenido al universo!

Las reglas están establecidas de forma que al servir a otros te sirves a ti mismo, aun cuando tengas que arrastrar tu ego hasta la fiesta pataleando y gritando. En cambio, cuando eres el único factor en tu ecuación te conviertes en tu peor enemigo.

Por lo tanto, mientras que las prioridades que has establecido tengan el propósito de utilizar el dinero para beneficiar a otros, tu tiempo tendrá Luz.

Si involucras a la Luz comportándote de forma no egoísta, tendrás éxito. Y tu prosperidad no existirá hoy y desaparecerá mañana, sino que perdurará en el tiempo.

¿He dicho tiempo? Esto me recuerda algo. Deja de ser . . .

¡Un Bombero!

Repito: deja de ser un bombero.

Parece que todos nosotros nos pasamos la vida apagando incendios. **Somos un grupo asistencial de emergencias en nuestras propias vidas y estamos de guardia las 24 horas del día.** Pero cuando finalizamos nuestras rondas diarias, descubrimos que no tenemos tiempo para nada importante. Nuestra tarea de apagar los incendios nos ha consumido.

Por supuesto, el Competidor se siente satisfecho al escuchar esto. De hecho, es el Competidor quien comienza los incendios. ¡Vaya, una emergencia por aquí! ¡Cuidado, otra emergencia por allá! ¡Oh, hay una crisis en la tercera planta! ¡Uy, esa manguera no funciona!

Al Competidor le agrada observarnos mientras corremos de un lado a otro apagando un incendio tras otro, extinguiendo de esta forma nuestra capacidad de sentirnos realizados; ya que, como bomberos, nuestras vidas se convierten en un gran juego de aplazamientos. Nos decimos que una vez que hayamos apagado los incendios tendremos tiempo para pensar en la abundancia, la alegría y nuestras relaciones; en todos los verdaderos asuntos de la prosperidad. Pero claro, los incendios nunca terminan.

He aquí, pues, el mantra: **soy una vasija más grande que un bombero** (por supuesto, esto es una metáfora, ya que siento gran admiración por los bomberos profesionales).

→ INCONVENIENTES (OBSTÁCULOS)

Este, ese o aquel, cada incendio parece ser la crisis de las crisis; pero en realidad es simplemente una ilusión. Si tenemos la certeza de que nuestra vida no se basa en incendios, éstos dejarán de ser la regla y se volverán una excepción.

Si tienes poder y certeza, es como si el fuego cediera. **El incendio se extingue por falta de interés.** (FOCUS)

Pronto los incendios pasarán a ser secundarios en lugar de ocupar un primer plano —pasarán a ser simples molestias en vez de tragedias— y les dedicarás cada vez menos tiempo de tu vida. En vez de todo un día, ¿qué te parecería dedicarles solamente una hora?

¿Cuál es el problema de ser el bombero de tu vida? Que hace que dejes de apreciar el tiempo. Y la Luz aparece sólo cuando nos enfocamos y tenemos en cuenta el tiempo que se nos da.

Si somos el efecto del tiempo, caemos en su ilusión. El tiempo perdido crea un espacio donde puede entrar la negatividad. Pero si compartes e inyectas certeza y productividad a tu tiempo, prepárate para que te sucedan cosas increíbles.

HERRAMIENTAS
KABBALÍSTICAS AVANZADAS

El Diezmo

Los kabbalistas creen que si deseas ganar dinero, es una buena idea comenzar por saber lo que es exactamente. Revisemos, pues, lo que sabemos. ¿Es el dinero un trozo de papel verde con imágenes de presidentes? No. ¿Es el dinero una serie de números impresos por una computadora en un extracto de cuenta bancario? No. ¿Es el dinero un montón de lingotes de oro sepultados en una cámara de seguridad? No.

Tal como ya hemos aprendido, el dinero no es en absoluto algo físico. ¡El dinero es **energía**! Y comprender que el dinero es energía, es decir, que el dinero es Luz, es la base de la tecnología kabbalística del diezmo.

Muchas religiones hablan del diezmo y recomiendan su uso como una herramienta para compartir. La Biblia establece que deberíamos dar el 10% de nuestros ingresos como caridad a través del diezmo. Pero ¿por qué es tan importante el diezmo? y, ¿por qué el 10%? ¿Es el diezmo una molestia necesaria? ¿O una molestia **innecesaria**? ¿O es una herramienta de abundancia y protección?

La Solución del 10%

La Kabbalah nos dice que dar el diezmo del 10% forma parte de la estructura del universo y que se trata de una cuestión de ciencia y no de religión.

Sorprendentemente, los pensadores más revolucionarios de la moderna Teoría de las Supercuerdas y los antiguos pensadores de la Kabbalah coinciden en el mismo número mágico. El universo tiene diez dimensiones, es decir, diez niveles distintos de energía.

Decir que el universo tiene diez dimensiones es otra forma de decir que existen diez versiones de ti mismo. Una versión es el tú que existe aquí y ahora, la persona a quien la compañía telefónica envía las facturas; y luego existen todos los "tú" potenciales que se vuelven posibles a medida que adquieres niveles de plenitud superiores y niveles de prosperidad más profundos. El universo es como un ascensor y tú puedes elegir en qué piso deseas estar. Pero hay algo más: la única forma de subirte a ese ascensor es limpiando antes tu existencia del 1%.

El décimo nivel es el *reino del 1%*, el mundo en el que vivimos; y según la Kabbalah, nadie es lo suficientemente fuerte o espiritual para dominar este reino. Es aquí donde caemos en las trampas del Competidor, donde cada uno de nosotros posee ego y furia y lleva dentro de sí mismo el residuo del daño que ha causado a los demás. Todo esto debe limpiarse.

Dar el diezmo del 10% es la forma de limpiar el reino del 1%.

Dando el diezmo estamos purificando la décima dimensión y, una vez que lo logramos, podemos subirnos en ese ascensor y dirigirnos a cualquier otra dimensión.

SI NO DAMOS, NO PODEMOS RECIBIR MÁS

El diezmo es la máxima paradoja del universo, porque significa que cuanto más quieras recibir, más tienes que dar. El 10% que damos limpia el 90% restante. Es como cuando tienes diez naranjas y una de ellas se pudre; debes deshacerte de la naranja podrida o te arriesgarás a que las demás también se echen a perder. El diezmo del 10% elimina la culpa y los obstáculos en el camino hacia la verdadera prosperidad.

Por lo tanto, te daré una breve respuesta a la pregunta que te estás haciendo: ¿Debo pagar el diezmo o no?

La respuesta es que no tienes ninguna alternativa mejor.

¡Ya te dije que la respuesta sería breve!

Si te quedas con el 10%, el Competidor tendrá entonces acceso a tu vida. Ese dinero al que te aferras crea un pequeño agujero, una grieta que el Competidor puede utilizar para conseguir entrar en tu vida. A través de este agujero del 10% el Competidor puede obtener todo lo que quiera e irte despojando poco a poco de tus bienes, ya sean espirituales o monetarios.

El diezmo es una forma de pagar la parte de tu Competidor, para que éste no tenga ni voz ni voto acerca de cómo manejas tu negocio; ¡y tu vida! El diezmo es como una cláusula: la ejerces o no la ejerces. Sin embargo, tal como Don Vito Corleone hubiera dicho, es una oferta que no puedes rechazar porque en algún momento el universo se llevará ese 10% de todos modos. Puede llevárselo en la forma de un negocio fallido o porque durante un año ganes menos dinero que el año anterior. De una manera u otra, el sistema se ocupará de llevarse ese 10%.

Entonces, la única pregunta que queda es: ¿Lo haces de forma proactiva o de forma reactiva?

Y no pienses que es sólo dinero lo que puedes dar como diezmo; también puedes dar tu tiempo. El tiempo, igual que el dinero, es energía; y regalar nuestro tiempo realizando actos para ayudar a los demás también limpiará el 10%.

¿CONFIAMOS EN EL DINERO?

En Dios confiamos[1]; es lo que está escrito en ese nuevo y bonito billete de dólar que estás sosteniendo, y no podría ser más claro. Lo que los kabbalistas y tu billete de dólar están intentando decirte es que la seguridad no reside en el dinero, sino puramente en la Luz. No hay seguridad en el *Reino del 1%*, no importa cuántos camiones cargados de efectivo tengas. Pregúntale a ese billonario que no puede encontrar una cura para la enfermedad fatal de su hijo. O pon en la balanza el poder que tiene tu talonario contra los ataques terroristas o los tsunamis.

Aún concebimos el dinero como seguridad, y a veces parece que ninguna de las muchas pruebas que demuestran lo contrario puede cambiar nuestra forma de pensar. Es como si estuviéramos apostando a un caballo que ya ha perdido 10.000 carreras seguidas, pero estamos dispuestos a apostar por él una vez más porque estamos convencidos de que esta vez va a ganar. Lo peor es que si concibo el dinero como la base de mi seguridad, no puedo dar dinero, no puedo ser generoso, porque siento que no tengo suficiente para dar. "John y Phyllis son ricos, ellos pueden dar dinero", diríamos. "Ellos pueden pagar el diezmo, pueden compartir. Si yo tuviera dinero también pagaría el diezmo, ¡pero no puedo, lo siento!".

El dinero es energía, y para obtener más debemos compartir. Algo que no se comparte no se conserva para siempre. Sin embargo, aquello que se comparte, se vuelve

---

[1] En inglés, "**In God we trust**": lema oficial de los Estados Unidos.

a llenar; ésta es una ley del universo, Si dos personas están manteniendo una relación en la que no comparten verdaderamente, esa relación no puede perdurar.

Si deseamos conservar algo, necesitamos mantener el flujo de energía. Compartir debe ser parte de ello. Y esto también es cierto en lo que respecta al dinero.

Por lo tanto, si acabas de empezar con esto y sólo puedes dar el 5%, está bien; pero debes recordar que pagar el diezmo es una ciencia. Es como si estuvieras dando una de las diez dimensiones para proteger las otras nueve. Y ese 90% puede llegar a convertirse en un 9.000%. A través del diezmo logramos la verdadera prosperidad.

Sin embargo, el pago del diezmo debe hacerse con la conciencia adecuada.

¡EL PASTEL SABE DIFERENTE!

Imagina dos cocineros profesionales. Cada uno empieza a cocinar un pastel utilizando exactamente los mismos ingredientes. Cuando terminan, probamos los resultados: primero el pastel A y después el pastel B.

¡Voilà! El pastel B sabe mejor que el pastel A.

¿Cómo puede ser? Ambos pasteles fueron hechos por cocineros profesionales que utilizaron exactamente la misma receta y los mismos ingredientes. ¿Cómo puede ser que un pastel sepa mejor que el otro?

La respuesta es que el pastel B tiene un ingrediente especial llamado conciencia. El cocinero B simplemente transmitió energía positiva al pastel, logrando así crear la diferencia en su sabor. (¿Has visto la película *Chocolat*? Si no la has visto, te la recomiendo.)

La lección de los pasteles es que, en esencia, el universo no es físico (parece una lección algo desmesurada para un simple pastel, pero no olvides que según la Kabbalah la sabiduría se manifiesta en lugares inesperados). El universo es conciencia; por lo tanto, la conciencia, los pensamientos, el encuadre mental desde donde llevas a cabo cada acción, afectará profundamente a su resultado.

Al pagar un diezmo con la conciencia adecuada, no sólo recibirás para ti, sino también para tu familia. Y la conciencia adecuada significa pagar el diezmo de forma alegre y con convicción; no porque tienes que hacerlo o porque tu rabino o tu sacerdote te lo ha dicho, sino porque estás encantado de hacer algo que suministrará un antídoto para la negatividad de tu vida, algo que te hará avanzar rápidamente hacia la abundancia.

Así pues, ¿cómo mides la conciencia con la que das? Primero, debes ser honesto contigo mismo y ver en qué lugar te encuentras. El Competidor vive en las áreas grises; a él le gusta cuando estás siendo un poquito bueno y un poquito malo. Por eso debes dar la mayor claridad posible a este proceso. Pregúntate continuamente: ¿Qué tipo de dador soy?

Estos son los niveles de la conciencia de dar, del más bajo al más elevado. ¿Dónde te encuentras tú?

La Escala De Compartir

Nivel uno: EL QUE DA A REGAÑADIENTES
En realidad no quiero dar, y cuando lo hago, doy a regañadientes.

Nivel dos: EL QUE DA MENOS
Doy mucho menos de lo que podría y mucho menos de lo que debería, pero soy feliz de hacer al menos una contribución.

Nivel tres: COMPARTIR REACTIVO
Alguien me pide un favor o alguien cercano necesita ayuda; entonces accedo, no antes.

Nivel cuatro: COMPARTIR PROACTIVO
No me hace falta que me pidan ayuda para darme cuenta de que alguien la necesita, y tomo la iniciativa de ofrecerla.

Nivel cinco: COMPARTIR INCÓMODO
Es compartir fuera de la zona de confort (en la Kabbalah, recuerda que cada vez que estás fuera del área de confort, ¡estás en el lugar adecuado!).

Quizá nunca hayas dado a esta persona, o estés dando más de lo que te hace sentir cómodo, pero das de todos modos.

Nivel seis: COMPARTIR SIN RECONOCIMIENTO
Es compartir anónimamente. Sabes adónde va tu dinero, pero la persona u organización que lo recibe ignora quién se lo está dando. Esto es compartir sin ego y ¡es un nivel muy alto!

Nivel siete: COMPARTIR SIN INTERESES

No sabes a dónde va tu dinero y el receptor no sabe de dónde viene. Un tercero, tal vez un miembro de tu familia o un amigo, arregla el diezmo. He aquí un nivel muy alto de compartir.

Nivel ocho: COMPARTIR MEDIANTE ACCIÓN PROACTIVA

En este caso, evitas el dolor y el sufrimiento de otra persona incluso antes de que suceda. Te anticipas a la situación negativa y compartes para evitarla en vez de esperar a que el otro se encuentre en problemas para hacerlo. Éste es un nivel de compartir inmenso.

Nivel nueve: COMPARTIR A ESCALA GLOBAL

Das a una causa u organización que no sólo se ocupa de asuntos a pequeña escala, sino que intenta cambiar el mundo. Éste es un diezmo de categoría universal, que puede ocasionar cambios a escala global. Nuestro objetivo en el Centro de Kabbalah es ser una organización que se ocupa de la humanidad a esta escala, te invitamos a que busques otras organizaciones similares.

Nivel diez: TODO LO ANTERIOR

Estos son los diferentes niveles de compartir. Pregúntate siempre en qué lugar de la escala te encuentras, pues la claridad y la verdad son los peores enemigos del Competidor. Y te voy a revelar una valiosa información: puedes empezar a ganarte la protección del diezmo incluso antes de haberlo dado.

OBTÉN EL CONTROL HOY

Puedes incluir tu diezmo en tu plan financiero. Es muy simple.

Supongamos que deseas ganar un millón de dólares durante el año que empieza (¿por qué no apuntar alto?). Creas un plan y sintonizas tu conciencia para ganar 1.10 millones de dólares; es decir, incluyes el 10% correspondiente al diezmo en tu ganancia anticipada.

De esta forma, estás planificando compartir aun antes de comenzar a ganar el dinero. Quieres ganar 1.1 millones para poder quedarte 1 millón y proteger ese millón dando el 10%. ¡Esto sí que es compartir proactivamente! Estás ganando control sobre tu dinero hoy. Estás accediendo hoy a la Luz de la protección contra la negatividad que se puede estar haciendo camino entre tus finanzas y tu bienestar.

Los científicos han encontrado recientemente un agujero negro en la Vía Láctea cuyo tamaño se estima en más de 30 millones de veces el de nuestro sol. Ten en cuenta que tu vida también posee agujeros negros: gente que está celosa de ti, que te critica y que te juzga. A pesar de que la sabiduría convencional asegura que las palabras no lastiman, la Kabbalah sabe que los celos y la envidia de los demás pueden afectar tangiblemente nuestro bienestar y causarnos infinidad de enfermedades y dolor.

El diezmo te protege de todo esto.

Comparto, Luego Soy (Protegido)

Por favor, recuerda que no estás pagando el diezmo para ser una buena persona; lo estás haciendo para obtener un beneficio práctico de protección contra el caos. Dar el 10% es mucho más barato que entregar tu negocio al Competidor. Tú eres el jefe siempre que obres de forma proactiva. En cuanto dejes de hacerlo y te conviertas en un efecto —es decir, en el momento en que dejes de estar protegido— el Competidor entrará en tu oficina y robará tus archivos. Causará estragos tanto en tu balance como en tu paz mental; provocará incendio tras incendio y hará que te la pases corriendo de un lado a otro para apagarlos, como un bombero.

La protección es un tipo de conciencia: cuanto más comparto, más obtengo. Todos y cada uno de los actos de compartir aumentan tu protección.

Por lo tanto . . .

Ahora . . .

Antes de que comiences a dudar,

Antes de que tu mente te diga: "Pero, ¡por favor! ¿En qué estás pensando?",

Antes de que pase el tiempo,

Antes de que te olvides,

Antes de que encuentres diez motivos para no hacerlo,

Antes de que el Competidor te ponga otra vez en estado de somnolencia . . .

¡Actúa!

Mira dónde te encuentras en la escala de compartir y decide hacer algo inmediatamente.

AHORA

NOW [2]

MAINTENANT [3]

EN ESTE MOMENTO

Y observa cómo la abundancia, el poder y la verdadera prosperidad fluyen en tu vida.

---

[2] N del T. *Ahora*, en inglés.
[3] N del T. *Ahora*, en francés.

La Empresa De La
Verdadera Prosperidad

Construyendo Una Compañía Espiritual

Una empresa verdaderamente próspera es una empresa espiritual. Y con "espiritual" no me refiero aquí a una doctrina, dogma o secta en particular.

Una compañía espiritual es simplemente una organización construida sobre el siguiente principio: **si me ocupo de la gente, la Luz se ocupará de mí.**

No sólo quieres aplicar herramientas kabbalísticas para tu propio beneficio, sino que deseas inyectarlas en tu empresa. Sin importar si tu empresa tiene un solo empleado o 50.000, quieres formar parte de un negocio que produzca abundancia, no sólo en el corto plazo sino para siempre.

La mayoría de la gente necesita motivación. ¿Por qué? Sencillamente, porque las personas hacen menos cuando no están motivadas. Por lo tanto, parte de la tarea de inyectar abundancia en una compañía verdaderamente próspera implica mantener en marcha el motor de la motivación. Sea cual sea el nivel en que te encuentres, alguien debería estar motivándote. Una persona que esté en un nivel por encima del tuyo debería motivarte a ti y tú deberías hacerlo con alguien que se encuentre por debajo de ti.

Pero vayamos a lo importante. En una empresa espiritual, cada persona se ocupa de la otra. Las necesidades de los demás se vuelven esenciales: cuando alguien no se encuentra bien, tú estás allí para ayudarlo; y cuando el que tiene dificultades eres tú, alguien estará allí para ti.

En una compañía espiritual no trabajas encerrado en un cubículo, aislado y concentrado solamente en llegar a ser el número uno. Las otras personas son importantes. ¿Sabes el nombre de la persona que limpia al final del día? ¿Y el de la persona que se sienta en el cubículo de al lado?

Se trata de algo muy básico, sin embargo, muchos de nosotros no vivimos de esta manera. Si te ocupas de los demás, la Luz se ocupará de ti.

Sé que todo esto puede no resultarle familiar a quien tiene experiencia en el despiadado mundo de los negocios. Puede que en tu lugar de trabajo ocuparse de los demás sea algo tan ajeno como hablar en latín. Y hasta es posible que si intentaras explicar estos principios a tus colegas, éstos te miraran como si te hubiera crecido una cabeza más. Sin embargo, ¿significa eso que no puedas poner en práctica estas ideas?

Por supuesto que no. Si te ocupas de las personas —si realmente las motivas, si sales de tu comodidad para compartir con ellas y te enfocas más en lo que es necesario que en lo deseado— de una u otra manera esa energía volverá a ti. Es posible que no puedas figurarte cómo, porque muchas veces esa devolución parecerá no tener ningún sentido; pero funciona.

Tan sólo ten certeza; sábelo. Las leyes de la causa y el efecto acudirán en tu ayuda, y todo el bien que haces por los demás te será devuelto con creces.

Debes saber que esto pasará, pero al mismo tiempo no tienes que estar esperándolo. Éste es un punto sutil, pero muy importante. Cuando damos a los demás, siempre recibimos a cambio, pero no debemos esperar recibir de esa persona a quien dimos en particular. Así es como funciona. De hecho, dar a alguien esperando recibirlo de esa persona no es dar de verdad.

Para que una compañía tenga un flujo de energía, debes dar incondicionalmente, aun cuando seas el único que lo sabe.

No esperes una devolución de tu inversión. Sé una persona que comparte, no una persona que recibe. Hazlo y olvídalo.

Y no dejes que las cosas que destruyen a una compañía espiritual te distraigan.

Los Enemigos

Una empresa verdaderamente próspera tiene cinco enemigos. Elimínalos como si fueran gases tóxicos que entraran en tu oficina a través del sistema de ventilación.

Enemigo uno: El Dictador

Se dice que el poder absoluto corrompe. Y cuando un jefe lleva adelante su compañía con mano de hierro, es decir, cuando su filosofía de dirección es "a mi manera o la calle" y ordena cada acción que se debe llevar a cabo sin dejar lugar a los empleados para respirar o para contribuir, corromperá la compañía completamente.

Enemigo dos: Gerencia del "Haz lo que digo, no lo que hago"

"La gente no te sigue porque tengas un título. La gente te sigue por tu valentía". Así habló el líder de los rebeldes en la película "Braveheart"; y estas palabras también son válidas también en el mundo de los negocios, cuando nos referimos a la integridad ejecutiva dentro de una organización. El liderazgo viene con la responsabilidad de mostrar el camino con actos, no sólo con palabras.

Enemigo tres: Ego arriba, ego abajo

El ego mata a las organizaciones, surja donde surja: desde el punto más alto hasta el más bajo de la cadena alimenticia. De hecho, es peor en el nivel más bajo. Si un Director Ejecutivo es egocéntrico, por lo menos existe una explicación para ello; quizá lleve una gran carga sobre sus hombros. Pero si un subordinado tiene ego, debes preguntarte el porqué. Si eres un subalterno y dejas que tu ego interfiera en las necesidades de la compañía, sólo dispones de un breve lapso de tiempo para cambiar por tu cuenta o el universo proveerá un programa mucho más eficiente para tu educación. Este programa llama "quedarse de patitas en la calle".

Enemigo cuatro: Incertidumbre

Este malestar flota en muchos ambientes laborales: los empleados tienen un pie en su trabajo y el otro en la puerta. ¡Y esto hace que muchos se tropiecen! Tu negocio no puede funcionar a todo gas —es decir, con todo el mundo trabajando con entusiasmo hacia un objetivo común— si tus empleados están constantemente evaluando otros empleos o planteándose la vieja pregunta: "¿Debo irme o debo quedarme?".

Enemigo cinco: Ira impredecible

La ira es tóxica y puede destruir tu negocio. Algunas personas piensan que la ira o el enojo tienen colorido y son efectivos, que son el sello de un líder implacable y emprendedor. ¡Gran error! La Kabbalah enseña que la ira es una de las condiciones más peligrosas de los seres humanos, ya que causa enfermedades en tu cuerpo y destruye la salud de tu negocio.

En suma, éstos son los cinco enemigos. Y como son virus que amenazan la vida de tu organización, necesitas eliminarlos de raíz.

Cuando lo hagas, pregúntate lo siguiente:

¿Cómo elevo la conciencia de mi compañía y la transformo en una organización verdaderamente próspera? ¿Cómo sé quién tiene y quién no tiene talento? ¿Cómo establezco lealtad de modo que las personas no se rindan ante el primer síntoma de un problema? ¿Cómo mido el verdadero valor de mis empleados y me aseguro de no pagarles de menos ni de más?

La respuesta a todas estas preguntas se encuentra en . . .

El Marco En Grande

Si un empleado piensa primero en las necesidades del empresario y de la compañía y después en sí mismo, siempre encontrará las respuestas correctas. Si un empresario piensa primero en la compañía y en sus empleados y luego en sí mismo, de alguna forma siempre será guiado hacia la información correcta. Sabrá que debe quedarse con Arlene, dejar que Timothy se vaya y ascender a Rolonda. Es así de claro.

Las respuestas vendrán del mismo lugar en el que te enfoques. Si piensas primero en ti mismo, siempre recibirás la información incorrecta. Si todos piensan primero en la compañía, ésta irá creciendo cada vez más. Seguirá avanzando, creciendo y suministrando abundancia a todos los que trabajan allí.

Hay una antigua palabra en arameo que los kabbalistas utilizan con frecuencia. La palabra es **_lezulat_**. Y significa …

Para otro.

La palabra *lezulat* no es un encantador pedazo de historia espiritual; es un código secreto que nos guiará hacia la prosperidad. Vivimos en el paradigma del "yo primero", nuestro sistema de creencias establece que si pensamos en nosotros antes que en los demás llegaremos más lejos. Siempre ponemos nuestros intereses en primer lugar.

¡Gran error!

La Kabbalah enseña que si piensas en los otros —si luchas por encontrar lo que es bueno para ellos— entonces podrás tener más.

¿Crees en lo que estás haciendo? ¿Pasaría el test de *lezulat?* Lo que sea que vendes, ¿trae más Luz al mundo del 1 por ciento? Si estás pensando fundar una nueva empresa ten en cuenta el *lezulat*: los bienes o servicios que ofrecerás al mundo ¿brindarán a las personas acceso al mundo del 99 por ciento?

Lezulat.

El libro *Manager al Minuto* sugiere lo siguiente: cuando intentes decir algo a alguien, tómate 60 segundos para pensar sobre la otra persona. Si fueras tú la persona que está comprando, ¿cómo te sentirías? Este proceso inyecta inmediatamente el concepto de compartir en la ecuación; y cuando esto sucede, todas las decisiones que tomas se basan en la Luz. Si nos enfocamos sólo en nosotros mismos, probablemente acabaremos tomando la decisión incorrecta.

La vida está llena de preguntas y respuestas. Cuando tu único interés es avanzar tú solo, el flujo de energía e información se detiene. Debes incluir en todo momento a los demás en la ecuación.

Ahora bien, hay otra cosa que debes hacer: debes olvidarte de lo que quieres. Y debes . . .

LIDERAR

Este libro y todo lo que hay en él apunta hacia una responsabilidad fundamental: necesitas ser un líder, no un seguidor.

Y lo primero que debes saber es que "líder" no es la descripción de un puesto de trabajo. Es un estado de conciencia.

Un líder es un líder dondequiera que se encuentre del escalafón, tanto si es un Presidente Ejecutivo como un recepcionista, si tiene personas a su cargo o sólo maneja una computadora.

Entonces ¿qué hace que alguien sea un líder?

Un líder tiene . . .

CERTEZA   ☞ AGUILA

Un líder no vacila. Un líder actúa en vez de reaccionar. Un líder sabe lo que debe hacer y por qué, y lo hace. Un líder no se acobarda ante la falta de confort ni ante la oposición. Un líder sabe que hacer lo necesario proporciona el confort máximo a su alma, sin importar lo incómodo que resulte para su ego.

Un líder no dice "esto no es parte de mi trabajo, que lo haga otro".

Un líder dice: "Si yo no hago esto, nadie lo hará".

Cuando eres líder, todo es tu trabajo. Si necesita hacerse, tú lo harás. Levantarás con mucho gusto ese papel del suelo de la habitación de la copiadora porque sabes que un ambiente limpio es un ambiente seguro. El niño que te piden que cuides por un momento se convertirá en tu propio hijo a partir de ese momento.

Si tienes un negocio, todo lo que sucede dentro de esas cuatro paredes es tu problema, ¿cierto?

Bueno, ahora tú eres el jefe de tu vida, así que todo lo que sucede en ella es de tu incumbencia. Estás conectado con todas las cosas, y no es el mundo de otra persona; es el tuyo. No esperas que alguien te diga lo que debes hacer. Tú eres quien decide.

Un líder dice: "No soy simplemente una persona más. Depende de mí".

Sólo siendo líderes tenemos acceso a la Luz y a la verdadera prosperidad.

El Liderazgo Es Contagioso

Cuando eres un líder, influyes en las personas simplemente por ser quien eres.

Cierta vez, dos sujetos fueron elegidos para dar sendas charlas consecutivas en una conferencia de negocios. El primer ponente era muy hábil, profesional y carismático. Durante su conferencia, las personas escucharon, rieron y aplaudieron. "¡Qué gran charla!", comentaron al final. Luego habló el segundo ponente. No era tan carismático ni tan gracioso como el primero, pero cuando finalizó su charla, las personas de la audiencia dijeron: "Bien, ¿por dónde comenzamos?".

Mientras que el primer ponente inspiró a las personas a que escucharan, el segundo las inspiró a hacer algo, lo cual es la marca de un verdadero líder. Un verdadero líder no se define por ser el mayor de los expertos o el mejor trasmisor de información, sino por motivar a la gente a hacer más.

Un líder se define precisamente por ser alguien que inspira a las personas a ser más de lo que son. Si tú no estás inspirando a los demás, entonces quiere decir que estás haciendo algo mal. Si estás compartiendo y ellos no están escuchando, entonces algo está faltando en la ecuación. Cuando creas un club y nadie quiere unirse, no eres un líder. Y si no eres un líder, no puedes lograr la verdadera prosperidad.

Y, dicho sea de paso, ser líder es un trabajo de jornada completa.

La Cámara Siempre Está Encendida

No existen los líderes de media jornada; no se puede
predicar con el ejemplo el 60% del tiempo, luego hacer
una pausa y luego predicar con el ejemplo el resto del
tiempo. No. O estás conectado a la Luz y liderando, o no
lo estás.

Un famoso candidato a presidente fue sorprendido una
vez diciendo algo embarazoso: "¡Uy! No sabía que la
cámara estaba encendida". Bien, cuando eres un candidato
a la presidencia la cámara *siempre* está encendida, igual que
cuando eres un líder. No puedes ser de una forma en
público y de otra en tu hogar pensando "total, nadie me
observa". Una de dos: o predicas con el ejemplo o no lo
haces. O inspiras a las personas todo el tiempo o no lo
haces nunca.

CIEN BILLONES DE SEGUIDORES

Los científicos estiman que a lo largo del tiempo 100 billones de seres humanos han pasado por esta tierra. Y la mayoría de ellos lo ha hecho sin dejar atrás nada más que una lápida.

¿Sabes por qué tanta gente desaparece sin dejar huellas de su paso por el mundo? ¿Por qué son tan pocos los personajes cuyos nombres se han convertido en iconos: desde Avraham, Moisés y Jesús hasta Einstein y la Madre Teresa? ¿Por qué tan pocos de los que se toman la molestia de nacer y sufrir logran dejar una marca singular?

Porque la mayoría de las personas elige ser seguidor y no líder.

Es tan simple como eso. Si deseas crear la diferencia en este planeta, es decir, impactar de tal modo que la gente se acuerde de ti, debes ser un líder.

Todos tenemos en nuestro interior el poder para ser diferentes. Cada uno de nosotros tiene el poder para ser un líder. Y ahora, con las herramientas de la Kabbalah, tenemos la tecnología que puede transformar nuestras vidas y enriquecer las de otros, ya sea en la oficina, en la calle o jugando con nuestros hijos.

Las personas van y vienen. Lo mismo ocurre con las empresas. Muy pocas quedan y muchas menos son todavía recordadas. ¿Dejarás que suceda lo mismo contigo o elegirás ser diferente?

ELIGE SER DIFERENTE. SÉ FIEL A TI MISMO

Has cometido errores. De hecho, probablemente sería justo decir que a veces la has fastidiado bien. Estoy seguro de que hay cosas que ni siquiera quieres recordar, cosas que no te enorgullecen en absoluto y que esperas que no sean reveladas cuando se emita un reportaje sobre tu vida en la televisión.

¡Pero esto es muy bueno!

¿En qué te conviertes cuando has cometido errores? En una fuente de inspiración.

Si después de entrar en bancarrota has podido reconstruir tu negocio desde las ruinas, podrás inspirar a otros que también se han visto obligados a declararse en quiebra. Si has tenido problemas como padre o has descuidado tu cuerpo o tu salud, podrás servir como inspiración a todos aquellos que estén intentando solucionar estos mismos temas.

Cuando puedes decir "ya he vivido eso", eres un inspirador, no un teórico. Las personas te escucharán y podrás utilizar tu experiencia para marcar la diferencia. Y cuando utilizas toda tu experiencia, tanto la buena como la mala, los logros más increíbles y los errores más idiotas, sin sentirte culpable por lo que has hecho, entonces eres un líder.

Siempre puedes elegir ser diferente. Siempre puedes elegir no ser tan sólo uno más entre los 100 billones. Christopher Reeve pudo haber escogido terminar con todo y nadie lo hubiera culpado. Sin embargo, eligió un camino diferente, convirtiendo una lesión en una inspiración. Él fue proactivo y, a pesar de que casi no podía moverse, hizo que todos los demás se movieran.

Él fue . . .

Del Efecto A La Causa

Comienza a ser un líder. ¿Y cómo lo haces? Haciéndolo.

Debes tener iniciativa en todo momento. Cambia el efecto por la causa.

Supongamos que estás en una entrevista de trabajo. Al finalizar, te dicen que ha sido un gusto conocerte y que tienes un currículum muy interesante, que se lo pensarán y te llamarán más adelante. ¿Cuál de las siguientes respuestas es la respuesta de un líder?

Respuesta A: Bueno, gracias por su tiempo. Esperaré su llamada.

o

Respuesta B: ¿Cuál sería el plazo? Estoy evaluando varias oportunidades laborales interesantes y me pregunto si podría darme una idea de cuándo puedo esperar una respuesta suya. ¿Qué le parece si lo llamo a principios de la semana que viene?

¿Cuál es la diferencia entre estas dos respuestas?

Responder con A es ser el efecto: el entrevistador está controlando la agenda, y el que responde A está bailando a su ritmo. El que responde B se pone al volante: está manejando la situación y forzando al empleador a tomar una decisión. Si tu caso es el B, no has hecho nada revolucionario, pero has dicho . . .

¡No Soy Un Pedazo De Barro!

En efecto, has afirmado: "No soy una sustancia sin forma para que usted moldee según sus necesidades, sus horarios y sus plazos. Tengo mi propia forma, tengo sustancia, soy importante. Me valoro a mí mismo y cuando estamos hablando acerca de este trabajo, ambos nos estamos entrevistando mutuamente. Necesito saber —tanto como usted— en qué me estoy involucrando. Soy un líder."

¿Has dicho todo esto con tu simple respuesta?

Así es. Has actuado como un líder. Has dicho que no eres lo que los otros quieren que seas, sino lo que realmente eres. ¿Acaso no tiene eso sabor a líder? Has dicho, gentil y amablemente: "Esto es lo que soy; si no es lo que ud. está buscando, está bien, significa que tampoco es lo mejor para mí".

Un seguidor es alguien que necesita seguir las pautas de una situación dada; ésta es la definición misma de seguir. En cambio, un líder no tiene esa necesidad; un líder buscará el modo de que la situación le sea favorable y no entrará en pánico porque se le esté evaluando para un trabajo.

Si deseas ser un líder, debes decidir ser la causa, ahora y en todo momento. Cuando eres la causa, nada puede detenerte. Lideras a las personas y les inspiras. Y cuando estás actuando como la causa en tu vida, la abundancia que piensas que mereces será mínima en comparación con lo que obtendrás. La plenitud y la riqueza que están destinadas para los líderes no tienen límite.

Unas Palabras Sobre La Certeza Desde El Frente Ruso

Durante la Segunda Guerra Mundial, después de que Alemania invadiera Rusia, Estados Unidos envió un emisario para que se reuniera con las fuerzas rusas y determinara el rol que Norteamérica jugaría en la guerra.

—"General" —preguntó el norteamericano—, "¿cuánto tiempo llevará expulsar al ejército Alemán de su país?".

—"No lo sé" —contestó el general ruso.

—"General" —continuó el norteamericano—, "¿cuántos hombres estima que perderá al rechazar la invasión?".

—"No lo sé" —respondió nuevamente el general ruso.

—"General" —dijo el norteamericano con cierta frustración—"usted es el comandante de las fuerzas rusas, sin embargo parece no saber las cosas más importantes acerca de la guerra que está librando."

Esta vez era el turno del ruso:

—"Está bien" —dijo el general—, "esto es lo que sí sé. Sé que por más que te diga cuánto durará la guerra, ésta durará aún más. Y que te aunque diga cuántos hombres harán falta, al final más hombres serán necesarios. Y sé algo más importante aun: no importa cuánto cueste ni cuánto dure la guerra; finalmente ganaremos."

Así es la certeza de un líder —la certeza del resultado, sí, pero junto con la voluntad de dejar que el proceso se desarrolle por sí solo. El liderazgo es una mezcla paradójica de persistencia y paciencia: un líder hace todo lo que está en su poder para producir un resultado lo más pronto posible, pero tiene sabiduría suficiente para saber que la Luz está a mando del barco y para reconocer que a pesar de que el resultado sea inevitable, será la Luz quien determinará su plazo.

Un líder es poderoso pero no fuerza las cosas; no tiene explosiones de impaciencia. Como líder, harás todo lo que esté en tu poder para seguir los principios de la verdadera prosperidad. Serás el jefe. Combatirás los efectos negativos del estrés y del miedo; utilizarás el ego adecuadamente. Te conectarás con la conciencia de la Luz; te cubrirás con el manto de la certeza. Utilizarás el repertorio completo de herramientas kabbalísticas para lograr la abundancia y la plenitud.

También tendrás confianza en el proceso. Conocerás el resultado final, pero dejarás que éste vaya fluyendo, sabiendo que la Luz te guiará hacia la verdadera felicidad, la verdadera plenitud y la verdadera prosperidad.

¿Y Ahora Qué?

Antes de dejarte disfrutar de tu éxito, déjame concluir con algunas palabras finales de aquellos antiguos consultores de negocios, los kabbalistas, para quienes actúo felizmente de mensajero. Estas palabras finales son como bujías: ¡aplícalas, y verás como los principios que has aprendido en este libro se ponen en marcha!

Un Barco Que No Se Balancea No Va A Ningún Lado

Prácticamente todo es exactamente lo opuesto a lo que parece. Otra forma de decir lo mismo es que nuestras percepciones son tan limitadas que vemos el mundo al revés.

En otras palabras: cada bendición es una maldición y cada maldición es una bendición.

Cuando algo comienza cargado de dificultades —cuando hay problemas, desacuerdos y malos entendidos— es un buen signo de que el proyecto tendrá éxito. Por el contrario, cuando algo comienza muy fácilmente —cuando te sorprendes de lo sencillo que resulta todo—, ten cuidado, porque probablemente el proyecto no sea un éxito a largo plazo; en ningún caso será una mina de oro.

La Kabbalah nos dice que cuando las cosas son difíciles, significa que algún tipo de Luz está intentando revelarse.

¿Has Oído Hablar De Ese Tipo De Carbón Llamado Diamantes?

No es necesario que estés en el negocio de las joyas para saber que un diamante es igual a carbón + presión. Cuando el carbón, una de las sustancias menos costosas, más disponibles y crudas del mundo es sujeto a toneladas y toneladas de presión, pasa de ser algo sin valor a ser la joya más preciosa del mundo.

A partir de ahora, mientras manejes tu negocio, puedes elegir evitar los problemas. Puedes escabullirte de la presión, salir de una situación cuando se está poniendo difícil y dejar que tu esposa lleve un pedazo de carbón en su dedo. O puedes elegir mirar con detenimiento el comienzo de un proyecto. ¿Es difícil o fácil? ¿Se abre paso fácilmente o hay caos? Si se inclina hacia lo difícil, es posible que haya diamantes esperándote en el camino con tu nombre grabado en ellos.

Y la próxima bujía es . . .

¿Estás Dispuesto A Pedir Ayuda?

Había una vez un gran kabbalista que viajaba con sus discípulos de un pueblo a otro, quedándose a dormir donde podía. Cierto día golpeó a la puerta de un leñador, su esposa y sus tres niños. La familia era tan pobre que vivía a duras penas con los pocos peniques que el hombre se ganaba cortando leña y con la leche y el queso de una vaca que pastaba solitaria en el jardín trasero.

El leñador y su esposa se sintieron honrados de hospedar al kabbalista, y le invitaron a entrar. Pero entonces, una vez estuvo acomodado, el kabbalista comenzó a solicitar una larga lista de manjares para la cena: platos con carne, pescado, ensaladas, aperitivos, postres, vino . . . ¡un auténtico banquete! El leñador y su esposa —incluso sus discípulos— se quedaron estupefactos ante semejantes peticiones, aunque no por ello dejaron de cumplir con cada una de ellas.

Para proporcionarle la carne, sacrificaron a su propia vaca, la fuente de toda su leche y su queso. Para pagar por el resto de los alimentos, como no les llegaba el dinero, empezaron a sacar leña de la casa y a venderla. Cuando finalizaron, casi no quedaba nada en la casa.

Los discípulos estaban verdaderamente impresionados. El pobre leñador se había quedado sin casa ni fuente de alimentación. ¿Qué había logrado el kabbalista destruyendo, en atención a sus propósitos personales, la vida de este hombre?

Tras la partida del kabbalista, el leñador se sentó y se lamentó: "¡No tengo nada!", gritó en voz alta. En su desesperación, comenzó a pedirle ayuda a la Luz: "Luz, por favor, ayúdame. Me he quedado sin nada". Después salió al bosque gritando a cada uno que se cruzaba en su camino: "¡Que alguien me ayude, por favor!"

Caminando por el bosque, el leñador se encontró con un hombre que veía de vez en cuando por allí. El hombre le contó que su médico le había anunciado que le quedaban pocos meses de vida y que muchas personas le andaban persiguiendo porque sabían que tenía mucho dinero. Se lamentaba de que nadie se preocupara verdaderamente por él. "Pero tú . . .", dijo mirando a los ojos al leñador, "sólo me has visto de vez en cuando; y a pesar de que apenas nos conocemos, siempre he tenido la sensación de que eres una buena persona y de que me aprecias. Así que voy a dejarte a ti todo lo que tengo."

De un día para el otro, el leñador pasó de no tener nada a ser más rico de lo que nunca pudo haber soñado. No podía comprenderlo, pero de alguna forma sabía que el kabbalista había tenido algo que ver con su buena suerte. Por lo tanto, se subió a su dorado carruaje y decidió ir a visitar al kabbalista para darle las gracias personalmente. Los discípulos se sorprendieron al ver llegar al leñador en un carruaje tan lujoso y vestido con ropa tan elegante. Cuando el hombre finalmente le hizo la pregunta al kabbalista, ésta fue su respuesta:

"Cuando tu alma vino a este mundo", le dijo el kabbalista, "estaba destinada a tener mucha abundancia y riqueza; ¡pero tú estabas satisfecho con esa choza! Te contentabas con la leche y el queso que te daba una vieja vaca. Cuando te despojé de todo, te viste forzado a pedir ayuda. En el momento en que pediste ayuda, la abundancia que debería haber sido tuya desde el principio se manifestó. Y todo porque pediste ayuda."

Quizá debas deshacerte de tu choza y crear espacio para la abundancia que estás destinado a disfrutar.

Y tal vez debas pedirla.

Todos Necesitamos Ayuda

Si depende de nosotros, no pediremos ayuda. Lo irónico es que no importa cuántas veces leas este libro, cuán ardientemente trabajes para aplicar cualquier sistema espiritual o cuán avanzado sea tu estudio de la Kabbalah; si lo haces al estilo "el llanero solitario", no funcionará.

Lo siento, pero es una ley. Cuando lo hacemos solos, volvemos a ser egoístas y nos conectamos con la conciencia reactiva. Pero cuando pedimos ayuda a la Luz y a los demás, y decimos honestamente: "No puedo hacer esto, por favor, ayúdame", sólo en ese momento podremos obtener la ayuda que necesitamos para ganar la guerra contra el ego, los deseos egoístas y la conciencia reactiva, y comenzaremos a ver el gran marco de abundancia en vez de la desesperación de una prisión sin paredes.

Por eso te recomiendo que apliques este programa con un amigo. Estudien estos principios juntos y comparen notas. Cuanto más conversen y trabajen sobre estas ideas, más parte de ustedes se volverán. Háganse preguntas el uno al otro constantemente.

También puedes pedir ayuda al Centro de Kabbalah (encontrarás los números telefónicos en el reverso de este libro). Tenemos tutores con quienes puedes comunicarte en cualquier momento para plantearles tus preguntas.

Es imposible seguir este sistema por tu cuenta. Puede ser que Norteamérica sea el país del individualismo, pero para conectarte con la conciencia de la Luz y aplicar estas leyes espirituales del universo, necesitas experimentar la conexión. Estamos juntos en esto.

Así que pide.

Pide la abundancia que te está esperando.

Pide la ayuda de los demás en el camino.

Pero recuerda que para pedir, primero debes estar abierto. Debes sentir que no importa cuántos títulos universitarios tengas o cuántos Premios Nóbel hayas recibido; tú no tienes todas las respuestas. Debes saber que la sabiduría proviene de lugares inesperados.

La siguiente es una historia verdadera. Unos cuantos arquitectos se encontraban en el lugar de construcción de un rascacielos, tratando de decidir dónde podían colocar la escalera de emergencia. Cada lugar que sugerían creaba un nuevo problema para el plan de plantas. En ese momento, un conserje que limpiaba el suelo escuchó la conversación y les preguntó: "¿Por qué no ponen las escaleras fuera del edificio?" El hombre continuó limpiando y ese edificio se convirtió en el primer edificio con una escalera de emergencia externa, lo cual es muy habitual en la actualidad.

Es importante aceptar cuando alguien se acerca para compartir contigo. Lo cual no significa que debas seguir su consejo, pero debes estar abierto. Debes estar abierto a pedir consejo, debes estar abierto a pedir ayuda a la Luz y a recibirla. Debes estar abierto a la posibilidad de que alguien puede darte realmente lo que necesitas.

Cuando nos convertimos en canales de información y sabiduría y de las señales del universo, abrimos camino para que la verdadera prosperidad fluya en nuestras vidas.

Y ahora la última bujía . . .

¿Estás Entusiasmado?

La bujía de la verdadera prosperidad es el entusiasmo. Debes estar entusiasmado de poder avanzar si deseas mantener el progreso.

Si pierdes el entusiasmo, será difícil mantener el éxito. Sin entusiasmo, no es posible que tengas grandes relaciones laborales con otras personas. Sin entusiasmo, la gente continuará mirando sus relojes en vez de dedicar su tiempo a realizar algo nuevo y fabuloso.

La forma de mantener el entusiasmo en el trabajo es recordar la primera vez que fuiste, cuando todo era nuevo y emocionante. Recuerda cuando te contrataron o el día que creaste la empresa. Vuelve a las semillas y deja que vuelvan a brotar. Revigoriza tu trabajo y, cuando lo hagas —cuando introduzcas entusiasmo en todas tus acciones— convertirás el caos en orden. Nada te parecerá un obstáculo y nada será imposible.

Ahora estamos entusiasmados. Hemos abierto los ojos a una forma diferente de pensamiento, a una forma diferente de ver el dinero, la vida y los negocios. Sin embargo, este entusiasmo inicial no es suficiente. Necesitamos . . .

¡Despertarnos!

Nos referimos al entusiasmo porque es el antídoto contra nuestro mayor problema:

Estamos dormidos.

Convertirnos en la causa de nuestras vidas es la forma de despertar. Tú puedes crear la diferencia y la crearás. Exígetelo a ti mismo. Tu vida llena de verdadera prosperidad te está esperando. Sólo tienes que pedirla.

El Fin, Que No Es Más Que El Comienzo

Aquí tienes la receta para la abundancia, las herramientas que puedes comenzar a utilizar desde el momento en que cierres este libro. Ahora tienes lo que necesitas para crear una compañía espiritual, si es esto lo que estás llamado a hacer, o para construir una vida llena de éxito sin efectos secundarios, si éste fuera tu objetivo.

Sigue estos principios. Al comienzo te ayudarán a obtener más dinero del universo, pero no se detendrán hasta que consigas más amor, más alegría y más plenitud de la que puedas imaginar, así como un mundo mejor para todos.

Este es el poder de la verdadera prosperidad.

Pídela, tómala, gánatela y disfrútala.

Y hazme saber cómo te ha ido.

Gracias.

EL ZÓHAR

"Traer *El Zóhar* casi desde el olvido hasta una amplia accesibilidad ha llevado varias décadas. Éste es un logro del que estamos muy orgullosos y agradecidos."

—Michael Berg

Compuesto hace más de 2.000 años, *El Zóhar* es una colección de 23 libros basados en el comentario de asuntos bíblicos y espirituales en forma de diálogos entre maestros espirituales. Sin embargo, describir *El Zóhar* solamente en términos físicos es engañoso. En realidad, *El Zóhar* no es más que una herramienta poderosa para lograr el propósito más importante de nuestras vidas. El Creador lo entregó a la humanidad para brindarnos protección, para conectarnos con su Luz y para lograr nuestro derecho de nacimiento, que es la verdadera transformación espiritual.

Hace 80 años, cuando el Centro de Kabbalah se fundó, *El Zóhar* había desaparecido virtualmente del mundo. Pocas personas de la población general habían escuchado hablar sobre él. Quienquiera que quisiese leerlo (en cualquier país, idioma y a cualquier precio) se enfrentaba a una ardua e inútil búsqueda.

Hoy en día, todo esto ha cambiado. Gracias al trabajo del Centro de Kabbalah y al esfuerzo editorial de Michael Berg, *El Zóhar* está siendo transmitido al mundo no sólo en su idioma original, el arameo, sino también en inglés. El nuevo *Zóhar* en inglés proporciona todo lo necesario para conectarse con aquel texto sagrado en todos los niveles: el texto original en arameo para el 'escaneo', la traducción al inglés y los comentarios claros y concisos para su estudio y aprendizaje.

Más Libros Que te Ayudarán a Traer la Sabiduría de la Kabbalah a tu Vida:

El libro del Hilo Rojo: El Poder de la Protección
Por Yehuda Berg

¡Lee el libro que todo el mundo lleva puesto!

Descubre la tecnología ancestral que da poder al popular Hilo Rojo, la herramienta más ampliamente conocida de la sabiduría Kabbalística. Yehuda Berg, autor del best-seller internacional *Los 72 Nombres de Dios: Tecnología para el Alma,* continúa revelando los secretos de la sabiduría más antigua y poderosa con su nuevo libro *El Hilo Rojo: El poder de la protección.*

Descubre el antídoto para combatir los efectos negativos del temido "Mal de Ojo" en este segundo volumen de la serie Tecnología para el Alma.

Descubre el poder real tras el Hilo Rojo y entérate de porqué millones de personas no salen de sus hogares sin él.

Todo está aquí. ¡Lo que siempre quisiste saber acerca del Hilo Rojo y nunca te atreviste a preguntar!

Dios usa lápiz labial
Por Karen Berg

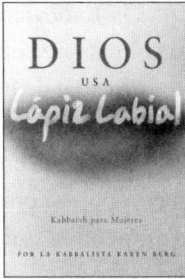

Durante 4.000 años la Kabbalah ha estado prohibida a las mujeres, hasta que una mujer decidió que ya era suficiente.

Dirigiendo los centros de Kabbalah en todo el mundo junto a su esposo Rav Berg, Karen Berg abrió por primera vez a todas las personas en la Tierra la sabiduría más antigua del mundo.

Ahora, en *Dios usa lápiz labial*, la autora revela el especial rol espiritual que la mujer cumple en el universo.

Basado en los secretos de la Kabbalah, *Dios usa lápiz labial* explica la ventaja espiritual propia de la mujer, el poder de las almas gemelas, el verdadero propósito de la vida, y conduce una discusión sin límites sobre diversos temas: desde el manejo de las relaciones hasta la reencarnación, el poder sagrado y el significado del sexo.

Ser como Dios
Por Michael Berg

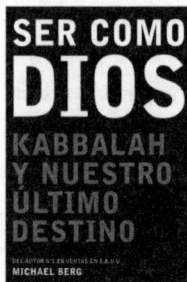

A los 16 años, el erudito de la Kabbalah Michael Berg comenzó la colosal tarea de traducir *El Zóhar*, el texto principal de la Kabbalah, de su idioma original, el arameo, a la primera versión completa en inglés. *El Zóhar*, que está compuesto por 23 volúmenes, es un compendio que incluye prácticamente toda la información relativa al universo y su sabiduría, la cual sólo comienza a ser verificada en la actualidad.

Durante los diez años en los que trabajó en *El Zóhar*, Michael Berg descubrió el secreto perdido hace mucho tiempo y que la humanidad ha estado buscando durante más de 5.000 años: cómo llegar a nuestro destino final. Ser Como Dios revela el método transformador por medio del cual las personas pueden liberarse de lo que se denomina "naturaleza del ego", para lograr de manera efectiva la dicha total y una vida duradera.

Berg presenta una idea revolucionaria: por primera vez en la historia se le da una oportunidad a la humanidad. La oportunidad de Ser Como Dios.

El Poder en Ti
Por Rav Berg

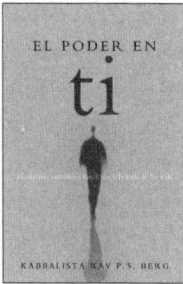

Al cabo de los últimos 5.000 años ninguna ciencia ni psicología han sido capaces de resolver un problema fundamental: el caos en la vida de las personas.

Ahora, un hombre nos brinda la respuesta. Él es el Kabbalista Rav Berg.

Bajo el dolor y el caos que afectan a nuestras vidas, el Kabbalista Rav Berg trae a la luz un reino oculto de orden, propósito y unidad. Nos revela un universo en el que la mente domina a la materia; un mundo en el que Dios, el pensamiento humano y la totalidad del cosmos están misteriosamente interconectados.

Únete al Kabbalista principal de esta generación en un asombroso viaje por el filo de la realidad. Intérnate en la vasta reserva de sabiduría espiritual que es la Kabbalah, donde los secretos de la creación, la vida y la muerte han permanecido ocultos durante miles de años.

Los Sueños: Encontrando el Camino en la Ocuridad
Por Yehuda Berg

En *El libro de los sueños*, la entrega debut de la serie Tecnología para el Alma, el autor de bestsellers Yehuda Berg levanta el telón de la realidad para revelar los secretos de la verdadera interpretación de los sueños, un saber que se ha mantenido oculto durante siglos.

Los lectores descubrirán un sistema muy antiguo para comprender los sueños y aprenderán técnicas poderosas que les ayudarán a encontrar a sus almas gemelas, descubrir oportunidades profesionales, ser alertados ante potenciales enfermedades en el cuerpo, mejorar las relaciones con los demás, desarrollar una conciencia global más profunda y mucho más.

El estado del sueño es un reino misterioso y fascinante en el que las reglas de la realidad no son aplicables. Este libro es un mapa para que navegues a través del paisaje de los sueños, donde las respuestas a todas las preguntas de la vida te están esperando.

El monstruo es real: Cómo enfrentarte a tus miedos y eliminarlos para siempre
Por Yehuda Berg

¿De qué tienes miedo?

¡Admítelo! En este mismo momento hay algunas cosas (o quizá muchas) que te dan miedo. No importa cuán convincentes tus miedos puedan parecer, este libro te enseñará cómo atacarlos y vencerlos desde su raíz. En *El monstruo es real: Cómo enfrentarte a tus miedos y vencerlos para siempre*, Yehuda Berg, autor del éxito de ventas internacional *Los 72 Nombres de Dios*, revela poderosas y prácticas herramientas kabbalísticas para eliminar las causas internas de nuestros miedos de una vez por todas. Si el miedo, en cualquiera de sus formas, está trayendo dolor a tu vida, prepárate para un gran cambio positivo. Con El monstruo es real, otro libro de la colección Tecnología para el Alma, ¡aprenderás a vencer este antiguo y eterno problema para siempre!

El Poder de la Kabbalah
Por Yehuda Berg

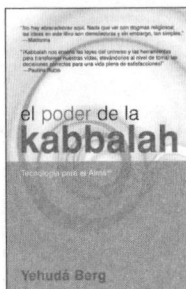

Imagina una vida llena de felicidad, propósito y alegría infinitos. Imagina tus días imbuidos de conocimiento y energía. Este es *El Poder de la Kabbalah*. Es el camino que te transporta del placer efímero que la mayoría de la gente experimenta, a la plenitud duradera. Tus deseos más profundos están esperando a ser cumplidos. Y éstos no se limitan al placer temporal que obtienes cuando cierras un importante acuerdo de negocios, ni al goce a corto plazo que te hacen sentir las drogas, ni a una apasionada relación sexual que dura unos pocos meses.

¿Te gustaría experimentar una sensación duradera de plenitud y paz inquebrantables, sin importar lo que suceda a tu alrededor? La promesa de la Kabbalah es la plenitud absoluta. En estas páginas aprenderás a percibir la vida y a navegar por sus aguas de una manera absolutamente novedosa. Entenderás tu misión, y sabrás cómo recibir los abundantes regalos que te están esperando. Si comienzas una transformación fundamental, y pasas de ser reactivo a ser proactivo, aumentarás tu energía creativa, obtendrás el control de tu vida y disfrutarás de unos nuevos niveles espirituales de existencia. Las antiguas enseñanzas de la Kabbalah están arraigadas en la perfecta unión de las leyes físicas y espirituales que ya están operando en tu vida. Prepárate para vivir este emocionante mundo de conciencia, pletórico de sentido y felicidad.

Las maravillas y la sabiduría de la Kabbalah han influido en las ideas espirituales filosóficas, religiosas y científicas de diversos líderes de todo el mundo. Sin embargo, hasta ahora, esa sabiduría ha estado oculta en textos antiguos, disponibles sólo para los eruditos que sabían donde buscarlos. Ahora, después de muchos siglos, El Poder de la Kabbalah está en este valioso libro. Por fin, está aquí el camino simple y completo: una serie de medidas que puedes tomar ahora mismo para crear la vida que deseas y mereces.

Los 72 Nombres de Dios: Tecnología para el Alma™
Por Yehuda Berg

Todos conocemos la historia de Moisés y el Mar Rojo; incluso se hizo una película basada en el tema que ganó un Oscar. Lo que no es tan sabido —nos dice el mundialmente conocido autor Yehuda Berg— es que en esa historia bíblica se encuentra codificada y oculta una verdadera tecnología de vanguardia. Este conjunto de técnicas se llama *Los 72 Nombres de Dios* y es la llave —tu llave— para liberarte de la depresión, el estrés, el estancamiento creativo, el enojo, la enfermedad y otros problemas físicos y emocionales. *Los 72 Nombres de Dios* son la herramienta más antigua y poderosa de la humanidad, mucho más potente que cualquier otro conocimiento tecnológico puntero cuando se trata de eliminar los residuos de tu vida, para que puedas levantarte y disfrutar de ella todos los días. Este libro propone la solución a todo lo que te aqueja porque actúa a nivel del ADN de tu alma.

El poder de Los 72 Nombres de Dios opera estrictamente a nivel del alma, no a nivel físico. Se trata de espiritualidad, no de religiosidad. En lugar de estar limitada por las diferencias que dividen a las personas, la sabiduría de los Nombres trasciende las disputas milenarias de la humanidad y los sistemas de creencias para tratar con el único vínculo común que unifica a todas las personas y naciones: el alma humana.

Astrología kabbalística y el significado de nuestras vidas
Por Rav Berg

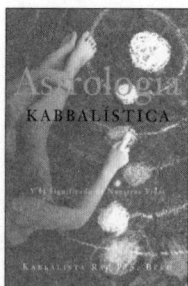

La Kabbalah ofrece la aplicación de la astronomía más antigua y sabia conocida por el hombre. *Astrología kabbalística* es mucho más que un libro de horóscopos: es una herramienta para entender la naturaleza individual de uno mismo en su nivel más profundo y poner ese conocimiento en práctica en el mundo real. Nos explica por qué el destino no es lo mismo que la predestinación; nos enseña que tenemos muchos futuros posibles y que podemos convertirnos en maestros de nuestro propio destino. También nos revela lo retos a los que te enfrentamos en nuestra encarnación previa y por qué necesitamos superarlos, así como los secretos para encontrar el amor, el éxito y la plenitud espiritual que son únicos para cada persona.

Las Ruedas del Alma
Por Rav Berg

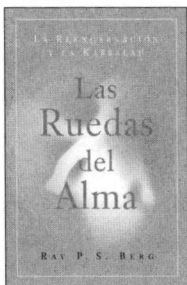

En *Las Ruedas del alma*, el gran Kabbalista Rav Berg revela la clave para responder a éstas y muchas otras preguntas que se encuentran en el corazón de nuestra existencia humana. Específicamente, el Rav Berg nos explica por qué debemos aceptar y explorar las vidas que ya hemos vivido para comprender la vida que llevamos hoy.

No te equivoques: *ya has estado aquí antes*. La reencarnación es un hecho, y así como la ciencia está comenzando a aceptar que el tiempo y el espacio podrían no ser más que ilusiones, el Rav Berg muestra por qué la muerte en sí misma es la ilusión más grande de todas.

En este libro podrás aprender mucho más que respuestas a estas preguntas. Comprenderás el verdadero propósito de estar en el mundo y descubrirás las herramientas para identificar a tu alma gemela. Lee *Las Ruedas del alma* y deja que uno de los maestros kabbalísticos más importantes de nuestro tiempo cambie tu vida para siempre.

Yehuda Berg mantiene una fuerte presencia online que le permite llegar a todo el mundo. Además de su Blog en inglés: www.yehudaberg.com, cuenta con su página de Facebook, Twitter, canal de YouTube y de Ustream por donde se transmiten videos de las charlas que realiza alrededor del mundo. Para el mercado de habla hispana, Yehuda expandió su presencia con la creación de su página de Facebook, canal de YouTube con videos subtitulados y una cuenta de Twitter en la que se traducen sus mensajes en inglés. A través de estas redes sociales mantiene contacto con sus seguidores tanto en inglés como en español.

Contacta a Yehuda en Facebook: @yehudaberg.esp, Twitter: @yehudaberg _esp o suscríbete a su canal de YouTube: yehudaberges

Links de interés:

a) Facebook(español): www.facebook.com/yehudaberg.esp

b) Twitter (español): user: @yehudaberg_esp
                      Link: www.twitter.com/yehudaberg_esp

c) YouTube: www.youtube.com/yehudaberges

d) Ustream: http://www.ustream.tv/channel/yehuda-berg-live
            (es el mismo canal para inglés y español)

e) Flickr Acc (inglés y español):
            http://www.flickr.com/photos/yehudaberg/

El Centro de Kabbalah

¿Qué es el Centro de Kabbalah?

El Centro de Kabbalah es una organización espiritual dedicada a traer la sabiduría de la Kabbalah al mundo. El Centro de Kabbalah ha existido como tal desde hace más de 80 años, pero su linaje espiritual se extiende hasta Rav Isaac Luria en el siglo XVI y más atrás, hasta Rav Shimón bar Yojái, quien reveló el Zóhar, el texto principal de la Kabbalah, hace más de 2.000 años.

El Centro de Kabbalah fue fundado en 1922 por Rav Yehuda Áshlag, uno de los más grandes Kabbalistas del siglo XX. Cuando Rav Áshlag dejó este mundo, el liderazgo del Centro fue asumido por Rav Yehuda Brandwein. Antes de su fallecimiento, Rav Brandwein designó a Rav Berg como director del Centro de Kabbalah. Durante más de 30 años, El Centro de Kabbalah ha estado bajo la dirección del Rav Berg, su mujer Karen Berg y sus hijos, Yehuda Berg y Michael Berg.

Aunque hay muchos estudios de Kabbalah, El Centro de Kabbalah no enseña Kabbalah como una disciplina académica, sino como una forma de crear una vida mejor. La misión de El Centro de Kabbalah es hacer que las herramientas prácticas y las enseñanzas espirituales de la Kabbalah estén disponibles para todo el mundo.

El Centro de Kabbalah no hace ninguna promesa. Pero si las personas están dispuestas a trabajar duro y a convertirse

activamente en individuos tolerantes que comparten y se
ocupan de los demás, la Kabbalah afirma que experimentarán
una plenitud y una felicidad desconocidas para ellos hasta
ahora. Sin embargo, esta sensación de plenitud aparece de
forma gradual y es el resultado del trabajo espiritual del
estudiante.

Nuestro objetivo final es que toda la humanidad obtenga la
felicidad y la plenitud que son su verdadero destino.

La Kabbalah enseña a sus estudiantes a cuestionarse y a poner
a prueba todo lo que aprenden. Una de las enseñanzas más
importantes de la Kabbalah es que no hay coerción en la
espiritualidad.

¿Qué ofrece El Centro de Kabbalah?

Los Centros de Kabbalah locales de todo el mundo ofrecen
charlas, clases, grupos de estudio, celebraciones de festividades
y servicios, además de una comunidad de profesores y
compañeros estudiantes. Para encontrar tu Centro más
cercano, visita www.kabbalah.com/espanol.

Para aquellos de ustedes que no puedan acceder a un Centro
de Kabbalah físico debido a restricciones geográficas o de
tiempo, les ofrecemos otras formas de participar en la
comunidad del Centro de Kabbalah.

En www.kabbalah.com/espanol te ofrecemos blogs, boletines,
sabiduría semanal, tienda online y mucho más.

Es una forma estupenda de estar informado y en contacto, además de brindarte acceso a programas que expandirán tu mente y te retarán a continuar tu trabajo espiritual.

Ayuda al estudiante

El Centro de Kabbalah da poder a las personas para que asuman la responsabilidad de sus propias vidas. Se trata de las enseñanzas, no de los profesores. Pero en tu viaje hacia el crecimiento personal, las cosas pueden ser confusas y a veces difíciles, y por eso resulta de gran ayuda tener un profesor. Simplemente llama al número gratuito 1-800-kabbalah si llamas desde los Estados Unidos.

Si te encuentras fuera de los Estados Unidos, puedes llamar a nuestros números de acceso gratuitos en español, en los cuales serás atendido por instructores hispano parlantes:

PAÍS	NÚMERO
Brasil	0800 772 3272
España	00 800 5222 2524
México	001 800 522 2252

Todos los instructores de Ayuda al estudiante han estudiado Kabbalah bajo la supervisión directa del Rav Berg, ampliamente reconocido como el kabbalista más relevante de nuestros tiempos.

También te ofrecemos la oportunidad de que interactúes con otros estudiantes de Ayuda al estudiante a través de grupos de estudio, conexiones mensuales, retiros de festividades y otros eventos que se llevan a cabo por todo el país.

Información de contacto de Centros y Grupos de Estudio

ARGENTINA:

Buenos Aires
Teléfono: (54) 11 4831 3443
kcargentina@kabbalah.com

Córdoba
Teléfono: 0351 15200 1111
kcargentina@kabbalah.com

Corrientes
Teléfono: 434668 15603222
kcargentina@kabbalah.com

CHILE:

Santiago
Tel (56) 2 21 52 737
kcchile@kabbalah.com
Facebook: Kabbalah Chile
Twitter: Kabbalah_Chile

COLOMBIA:

Bogotá
Teléfonos:(57) 1 321 7430 /
(57) 1 212 6620 / 6621
kcbogota@kabbalah.com
Facebook: Centro de Kabbalah
Bogotá
Twitter: Kabbalahcol

Medellín
Teléfonos: (57) 4 311 9004 /
(57) 3 136 49 2898
kcmedellin@kabbalah.com
Facebook: Kabbalah Centre
Medellín

GUATEMALA:

Teléfono: 5703 2220
guatemala@kabbalah.com

MÉXICO:

D.F., Polanco
Teléfono: 52 80 05 11
kcmexico@kabbalah.com
Facebook: kabbalahmexico
Twitter: kabbalahmx

D.F., Tecamachalco
Teléfono: 55 89 44 64
kcmexico@kabbalah.com
Facebook: kabbalahmexico
Twitter: kabbalahmx

Guadalajara
Teléfonos: (52) 33 31 23 0976 /
(52) 33 15 96 2478
kcguadalajara@kabbalah.com
Facebook: Kabbalah Centre
Guadalajara
Twitter: kabbalahgdl

Poza Rica
Teléfonos: 782 119 1045 / 782
108 4567 / 82 6 50 45 / 82 6
55 85
deborah.ortega@kabbalah.com

San Luis Potosí
Teléfono: 44 41 83 53 36
kcsanluispotosi@kabbalah.com

PANAMÁ:

Teléfono: 507 396 5270
kcpanama@kabbalah.com

PARAGUAY:

Teléfono: 981 576 740
paraguay@kabbalah.com

PERÚ:

Teléfono: (51) 1 705 3171
peru@kabbalah.com
Facebook: Kabbalah Perú
Twitter: kabbalahperu

PUERTO RICO:

Teléfono: 787 717 0281
kcpuertorico@kabbalah.com

REPÚBLICA DOMINICANA:

Santiago
Teléfono: 809 449 0281
republicadominicana@kabbalah.
com

Santo Domingo
Teléfono: 809 683 1992 / 829
344 1166
republicadominicana@kabbalah.
com

URUGUAY:

kcuruguay@kabbalah.com

VENEZUELA:

Caracas
Teléfono: (58) 212 267 7432 /
8368
caracastkc@kabbalah.com
Facebook: Centro Kabbalah
Venezuela
Twitter: KabbalahVe

Acarigua
Teléfono: (58) 255 664 4262
venezuelatkc@kabbalah.com

Barquisimeto
Teléfono: (58) 414 505 4282 /
(58) 414 527 3567
venezuelatkc@kabbalah.com

Maracay
Teléfono: (58) 414 494 0456
venezuelatkc@kabbalah.com

Puerto La Cruz
Teléfono: (58) 414 806 8000 /
(58) 414 847 2744
venezuelatkc@kabbalah.com

San Cristóbal
Teléfono: (58) 414 737 6778
venezuelatkc@kabbalah.com

Valencia
Teléfono: (58) 241 843 1746 /
(58) 212 267 7432
venezuelatkc@kabbalah.com

Cada acción que contribuye en la batalla contra tu egoísmo, llena tu corazón y espíritu de la sabiduría que emana de la Kabbalah y nos acerca un poco más al camino correcto de alejar al oponente y conectarnos más con nuestra alma y con la Luz.

Recibir y compartir con el corazón y con la intención correcta en la vida te hace ser más sabio y llena tu vida de plenitud y verdadera prosperidad.

Que la Luz que emana de la sabiduría en este libro ilumine a mis hijas Valeria, Karla y Estefanía, sus maridos Genaro, Valentín y Fernando y a mis nietos Genarito, Diego, Arantxa, Regina, Emilia, Fernanda, Isa, Titín y Kiara. Que estén sanos, protegidos y siempre llenos de Luz.

Con el deseo de que nuestra transformación individual genere un cambio global y que pronto vivamos un mundo donde cada persona experimente el propósito por el cual fue creada: Prosperidad sin fin.

Con amor y Luz
Lino Korrodi